LA LLAVE MAESTRA

CHARLES F. HAANEL

DERECHOS RESERVADOS © Título Original: The Master Key System – Traducción-Edición: Sivan Gobrin

Publicado en inglés por BN Publishing © Copyright 2008

© Copyright 2008 – BN Publishing

Visite nuestra tienda online en:

www.bnpublishing.com

info@bnpublishing.com

Ninguna parte de esta publicación, incluido el diseño de la portada, puede ser reproducida por ningún medio, sin el previo consentimiento del editor.

Contenidos

Prólogo 7
Capítulo I 13
Capítulo II 20
Capítulo III 27
Capítulo IV 33
Capítulo V 39
Capítulo VI 45
Capítulo VII 51
Capítulo VIII 58
Capítulo IX 65
Capítulo X 72
Capítulo XI 78
Capítulo XII 85
Capítulo XIII 91
Capítulo XIV 98
Capítulo XV 104
Capítulo XVI 111
Capítulo XVII 117
Capítulo XVIII 123
Capítulo XIX 128
Capítulo XX 134
Capítulo XXI 141
Capítulo XXII 147
Capítulo XXIII 153
Capítulo XXIV 159

Prólogo

Algunas personas atraen el éxito, el poder, la riqueza y la realización con muy poco esfuerzo consciente; otras lo conquistan con dificultad, mientras que algunas no consiguen alcanzar lo que anhelan, sus deseos y sus ideales. ¿A qué se debe esto? ¿Por qué algunas personas realizan sus ambiciones con facilidad, otras con problema y otras no lo consiguen en absoluto? La raíz no puede ser física, puesto que entonces las personas más perfectas físicamente serían las que tendrían más éxito. La diferencia, por lo tanto, debe de ser mental; por lo tanto, la mente debe de ser la potencia creadora, debe de constituir la única diferencia entre las personas. Es la mente, por lo tanto, la que prevalece al entorno y todos los impedimentos que hay en el camino del ser humano.

Cuando el poder creador del pensamiento se entienda plenamente, se verá que su efecto es maravilloso, pero estos efectos no se pueden obtener sin la aplicación, la rapidez y la concentración adecuadas. El estudiante descubrirá que las leyes que gobiernan el mundo mental y espiritual son tan fijas y acertadas como las del mundo material. Para certificar los resultados deseados, entonces, es necesario estar al tanto las leyes y acatarlas. Se verá que un acatamiento adecuado de la ley producirá los resultados deseados con una exactitud inalterable. El estudiante que aprende que el poder proviene de su interior, que su debilidad se debe solamente a que ha estado obedeciendo a la ayuda del exterior, y se lanza sin dudarlo sobre sus propios pensamientos, se encauza al instante, se mantiene erguido, adopta una condición dominante y hace milagros.

Es obvio, por lo tanto, que quien no logre investigar plenamente y sacar provecho de los maravillosos adelantos que se están realizando en esta última y gran ciencia, pronto se quedará tan atrás como la persona que se niega a dar la razón y aceptar los beneficios que ha recibido la humanidad al percibir las leyes de la electricidad.

Ciertamente, la mente crea sucesos negativos con la misma facilidad con que crea circunstancias favorables. Cuando visualizamos, consciente o inconscientemente, algún tipo de falta, limitación o discordia, creamos esas condiciones -eso es lo que muchas personas están creando todo el tiempo, inconscientemente.

Esta ley, como todas las demás leyes, no tiene en cuenta a las personas, sino que está en trabajo continuo y entrega implacablemente a cada individuo exactamente lo que éste ha creado; en otras palabras, lo que el hombre siembre, también cosechará.

La abundancia, por lo tanto, depende de un reconocimiento de las leyes de la Abundancia y del hecho de que la Mente no sólo es la creadora, sino que es el único creador que existe. Ciertamente, no podemos crear una cosa si no estar al tanto que puede ser creada y, como resultado, hacemos el esfuerzo apropiado. Hoy en día, no hay más electricidad en el mundo que la que había hace cincuenta años, pero no comenzamos a tomar sus beneficios hasta que alguien examinó la ley por la cual puede ser aprovechada; ahora que esta ley ha sido entendida, ilumina prácticamente todo el mundo. Lo mismo ocurre con la ley de la Abundancia: sólo aquellos que reconocen la ley y se ponen en armonía con ella, comparten sus beneficios.

Actualmente, el espíritu científico somete todos los campos de esfuerzo y las relaciones de causa y efecto ya no son desconocidas.

El hallazgo de una parte de la ley marcó una época en el progreso humano. Eliminó el elemento de irresolución y capricho en las mentes de las personas y lo suplantó con ley, razón y certeza.

Ahora el hombre percibe que para cada resultado hay una causa adecuada y específica, de manera que cuando desea un establecido resultado, busca la condición mediante la cual sólo puede lograr dicho resultado.

La base sobre la que yace toda ley, fue descubierta mediante un razonamiento inductivo, que gravita en comparar una serie de casos absolutos hasta que se encuentra el factor común que da origen a todos ellos.

A este método de estudio deben las naciones mejoradas la mayor parte de su prosperidad y la parte más meritoria de sus conocimientos.

Ha dilatado la vida, ha aplacado el dolor, ha tendido puentes sobre ríos, ha iluminado la noche con el esplendor del día, ha desarrollado el alcance de la vista, ha acelerado el movimiento, ha vencido la distancia, facilitado las relaciones y ha permitido al hombre internarse en el mar y en el aire. No es de extrañar, entonces, que poco después el ser humano haya intentado extender los beneficios de este método de estudio a su técnica de pensamiento, de manera que, cuando fue totalmente evidente que ciertos resultados eran resultado de un determinado método de pensamiento, lo único que quedaba por hacer era catalogar dichos resultados.

Este método es científico y es el único método por el cual se nos admitirá conservar el grado de libertad que hemos estado habituados a considerar como un derecho personal, porque un pueblo está seguro en casa y en el mundo únicamente si el estado de elaboración nacional implica cosas como salud rebosante, eficiencia en cualquier tipo de negocios públicos y privados, desarrollos continuos en la ciencia y en el arte de actuar simultáneamente, y el esfuerzo crecientemente dominante de hacer que todas estas cosas y todos los demás aspectos del desarrollo nacional se centralicen y giren en torno a mejorar la vida individual y colectiva, para lo cual la ciencia, el arte y la ética proveen motores de orientación y de control.

LA LLAVE MAESTRA

La Llave Maestra se basa en verdades científicas absolutas y extenderá las posibilidades que están vagas en cada individuo, enseñándole a llevarlas a una labor poderosa para aumentar su capacidad positiva, aportando una energía, un discernimiento, un aliento y una elasticidad mental añadidos. El estudiante que entienda las leyes mentales que se desarrollan, llegará a tener la capacidad de asegurarse unos resultados con los que hasta ese momento no había ni soñado, y cuyos premios son difíciles de explicar con palabras.

Este libro expone el uso correcto de los elementos afines y activos de la naturaleza mental y educa al estudiante en el reconocimiento de las oportunidades, fortifica los poderes de la voluntad y el raciocinio y enseña el cultivo y los mejores usos de la imaginación, el deseo, las emociones y las facultades instintivas. Facilita iniciativa, fuerza de propósito, sabiduría para elegir, juicio inteligente y un profundo regocijo de la vida en sus planos óptimos.

La Llave Maestra enseña el uso del verdadero Poder de la Mente, no alguno de sus suplentes y perversiones. No tiene nada que ver con el hipnotismo, la magia o cualquiera de los engaños más o menos fascinantes con los que muchas personas son llevadas a pensar que se puede alcanzar algo a partir de nada.

La Llave Maestra cultiva y desarrolla una perspicacia que te permitirá controlar el cuerpo y, en efecto, la salud. Mejora y fortalece la Memoria. Desarrolla la Percepción: ese tipo de Percepción que es tan poco común, ese tipo que es la característica especial de toda persona de negocios de éxito, ese tipo que deja que la gente advierta las posibilidades y las dificultades en cada situación, ese tipo que permite que uno distinga las oportunidades que se le brindan, porque hay miles de personas que no logran ver las oportunidades que tienen a su alcance mientras batallan con situaciones que sin embargo no les facilitarán ninguna ganancia sustancial.

La Llave Maestra desarrolla el Poder Mental, lo cual simboliza que los demás reconocerán inconscientemente que eres una persona de fuerza, de carácter -significa que querrán concebir lo que tú quieras que hagan, que atraerás a personas y cosas, que serás lo que se llama una persona "con suerte", que las cosas llegarán a ti, que habrás entendido las leyes fundamentales de la Naturaleza y que te habrás situado en armonía con ellas, que estarás en sintonía con el Infinito, que concebirás la ley de atracción, las leyes naturales de crecimiento y las leyes psicológicas sobre las que reposan todas la ventajas en el mundo social y en el de los negocios.

El Poder Mental es poder creador; te suministra la capacidad de crear por ti mismo, lo cual no simboliza quitarle algo a otra persona.

LA LLAVE MAESTRA

La Naturaleza nunca actúa de ese modo. La Naturaleza hace que crezcan dos briznas de hierba donde antes crecía una sola, y el Poder de la Mente deja al ser humano hacer lo mismo.

La Llave Maestra desarrolla el conocimiento y la sagacidad, una independencia creciente, la capacidad y la habilidad de ser útil.

Destruye la desconfianza, la depresión, el miedo, la nostalgia y todas las formas de restricción y debilidad, incluyendo el dolor y la enfermedad; despierta los talentos escondidos, proporciona iniciativa, fuerza, energía y vigor; despierta un aprecio de lo bello en el Arte, la Literatura y la Ciencia.

La Llave Maestra ha cambiado las vidas de miles de hombres y mujeres, supliendo unos métodos dudosos y confusos con unos principios definidos -y unos principios para los orígenes sobre los que todo sistema de energía debe descansar.

Elbert Gary, presidente de la United States Steel Corporation, dijo: "En una administración eficaz, los servicios de los consejeros, los instructores y los expertos en eficacia son indispensables para la mayoría de iniciativas de negocios de magnitud, pero considero que el reconocimiento y la adopción de los principios correctos tienen una importancia mucho mayor".

La Llave Maestra enseña los principios correctos y propone métodos para ejecutar una aplicación práctica de dichos principios. En esto suspende de todos los demás cursos de estudio. Enseña que el único valor viable que puede fijarse a cualquier principio está en su aplicación. Muchas personas leen libros, estudian cursos a distancia, asisten a reuniones durante toda su vida sin hacer jamás ningún avance en la exposición del valor de los principios involucrados.

La Llave Maestra propone métodos mediante los cuales el valor de los principios enseñados puede ser manifestado y puesto en práctica en la usanza diaria.

Se ha elaborado un cambio en el pensamiento mundial. Este cambio se está haciendo cierto poco a poco entre nosotros y es más significativo que cualquier otro cambio que haya experimentado el mundo desde la caída del Paganismo.

La revolución que se está originando actualmente en las opiniones de las personas (tanto las de las clases altas y más cultivadas, como las de clase trabajadora) no tiene comparación en la historia de la humanidad.

En los últimos años, la ciencia ha ejecutado unos descubrimientos tan amplios, ha revelado unos expedientes tan infinitos, ha revelado unas posibilidades tan grandes y unas fuerzas tan inesperadas, que los científicos dudan cada vez más en aseverar ciertas teorías como algo establecido e innegable, o en negar otras teorías por absurdas o imposibles. Así pues, está brotando una nueva civilización.

Algunas costumbres, algunos credos y la brutalidad están quedando atrás; la visión, la fe y el favor están ocupando su lugar. Las trabas de la tradición se están esfumando y, mientras la escoria del materialismo se consume, el pensamiento se libera y la verdad eleva con todo su brillo ante una muchedumbre asombrada.

El mundo entero está en la inmediación de una nueva conciencia, un nuevo poder y una nueva percepción de los recursos que se hallan dentro del ser. El siglo XX fue testigo del mayor adelanto material de la historia. El siglo XXI originará el mayor progreso en el poder mental y espiritual.

La física ha fraccionado la materia en moléculas, las moléculas en átomos, los átomos en energía, y ha sido sir Ambrose Fleming, en un discurso ante la Royal Institution, quien ha transformado esa energía en la mente. Dijo: "En su esencia fundamental, la energía puede ser incomprensible para nosotros, excepto como una exhibición del funcionamiento directo de aquello que llamamos Mente o Voluntad".

Veamos cuáles son las fuerzas más eficaces en la Naturaleza. En el mundo mineral, todo es sólido y consolidado. En los reinos animal y vegetal, todo fluye y todo cambia, siempre se establece y se restablece. En la atmósfera encontramos calor, luz y energía. Cada ámbito se vuelve más fino y más espiritual cuando transitamos de lo visible a lo invisible, de lo grueso a lo fino, de la potencialidad descendente a la potencialidad ascendente.

Cuando llegamos a lo invisible hallamos energía en su estado más puro y más sutil.

Y, puesto que las fuerzas más eficaces de la Naturaleza son las fuerzas invisibles, también expresamos que las fuerzas más poderosas del ser humano son sus fuerzas invisibles, su fuerza espiritual; y la única forma en que esa fuerza espiritual puede revelarse es a través del proceso del pensar. El pensar es la insuperable actividad que posee el espíritu, cuyo único fruto es el pensamiento. Suma y resta son, por ende, transacciones espirituales; el razonamiento es un proceso espiritual, las ideas son pensamientos espirituales, las preguntas son espejos, y la lógica, los testimonios y la filosofía son la máquina espiritual.

Cada pensamiento hace que algún tejido físico, una fracción del cerebro, nervio o músculo actúe. Esto origina un cambio físico real en la edificación del tejido. Por lo tanto, sólo es preciso tener un cierto número de pensamientos sobre un establecido tema para inducir un cambio completo en la organización física del ser humano.

Éste es el proceso mediante el cual el fiasco se transforma en éxito. Los pensamientos de valentía, poder, iluminación, armonía, reemplazan a los de fracaso, desesperación, carencia, restricción y discrepancia.

LA LLAVE MAESTRA

Cuando estos pensamientos echan raíces, el tejido físico se convierte y la persona ve la vida bajo una nueva luz: lo viejo ha muerto, todas las formas son nuevas. La persona vuelve a nacer, esta vez a partir del espíritu. La vida tiene un nuevo significado para ella, la persona se reforma y se llena de dicha, de confianza, de esperanza y de energía. Ve ocasiones de éxito ante las que solía estar ciega; reconoce sucesos que antes no tenían ningún significado para ella. Los pensamientos de éxito con los que se ha llenado irradian hacia la gente que la rodea, la cual, a su vez, la asiste a ir hacia adelante y hacia arriba. Atrae hacia ella nuevas y exitosas asociaciones y esto, a su vez, hace que su ambiente cambie. De modo que, mediante este fácil ejercicio de pensamiento, la persona no sólo se cambia a sí misma, sino que también cambia su hábitat, sus acontecimientos y sus condiciones.

Vas a ver, debes ver, que estamos en el alba de un nuevo día; que las posibilidades son tan maravillosas, tan increíbles, tan ilimitadas, que son casi sorprendentes. Hace un siglo, cualquier hombre con un revolver Gatling podría haber arrasado a todo un ejército equipado con los instrumentos de la guerra que entonces estaban en uso. Lo mismo pasa en la actualidad. Cualquier persona que tenga un conocimiento de las posibilidades contenidas en *La Llave Maestra* tiene una ventaja sorprendente sobre la multitud.

LA LLAVE MAESTRA

Capítulo I

Tengo el placer de ofrecerte aquí el Capítulo Uno del Sistema de la Llave Maestra. ¿Te gustaría obtener más poder en tu vida? Consigue la conciencia de poder. ¿Más salud? Consigue la conciencia de salud.

¿Más felicidad? Consigue la conciencia de felicidad. Observa el espíritu de estas cosas hasta que sean tuyas por derecho propio. Entonces será imposible que te impidan alcanzarlas. Las cosas del mundo son fluidas para un poder que está dentro del ser humano, gracias al cual rige.

No precisas adquirir ese poder. Ya lo tienes. Pero debes comprenderlo; debes utilizarlo; debes controlarlo; debes impregnarte de él, para que puedas progresar y llevar al mundo contigo.

Día a día, mientras sigues adelante, mientras ganas impulso, mientras tu iluminación se hace más recóndita, mientras tus planes se crisdizan, mientras logras una comprensión, llegarás a darte cuenta de que este mundo no es una pila de leña, sino un ser vivo. Está surtido de los corazones de la humanidad que laten. Es algo que está hecho de vida y belleza.

Es obvio que hace falta un entendimiento para trabajar con el material de esta representación, pero quienes llegan a ese entendimiento son inspirados por una nueva luz, una nueva fuerza; cada día tienen más confianza y más poder, se dan cuenta de que sus esperanzas y sus sueños se hacen realidad, y su vida obtiene un significado más profundo, más pleno y más sereno.

Es verdad, en todos los planos de la vida, que si se tiene mucho se consigue más, y es igualmente verdadero que la pérdida conlleva una mayor pérdida.

La mente es creativa, y los acontecimientos, el entorno y todas las experiencias en la vida son el efecto de nuestra actitud mental habitual o preponderante.

La actitud de la mente pende necesariamente de lo que pensamos.

Por lo tanto, el secreto de todo poder, de todo fruto y de toda posesión depende de nuestro método de pensamiento.

Esto es cierto, porque debemos "ser" para que podamos "hacer", y podemos "hacer" solamente en la medida en que "somos", y lo que "somos" depende de lo que "pensamos".

No conseguimos expresar unos poderes que no tenemos. La única forma de conseguir tener poder es siendo conscientes de él, y jamás lograremos ser conscientes del poder hasta que estemos al tanto que todo el poder viene de nuestro interior.

LA LLAVE MAESTRA

Hay un mundo en nuestro interior: un mundo de pensamiento, de emoción y de poder; de luz, de vida y de belleza y, aunque es invisible, sus fuerzas son eficaces.

El mundo interior está regido por la mente. Cuando descubramos ese mundo hallaremos la solución a cada problema, la causa de cada efecto. Y, puesto que el mundo interior está bajo nuestro control, todas las leyes del poder y la propiedad están también bajo nuestro control.

El mundo exterior es un reflejo del mundo interior. Lo que surge en el exterior ha estado antes en el interior. En el mundo interior podemos hallar la Sabiduría infinita, el Poder infinito y la Provisión infinita de todo lo necesario, esperando extenderse, desarrollarse y enunciarse. Si reconocemos estas potencialidades en el mundo interior, entonces tomarán representación en el mundo exterior.

La fraternidad en el mundo interior se reflejará en el mundo exterior a través de sucesos armoniosos, entornos agradables y lo mejor de todas las cosas. Es la plataforma de la salud y un factor esencial necesario para toda grandeza, todo poder, todo beneficio, toda realización y todo éxito.

La armonía en el mundo interior simboliza la capacidad de controlar nuestros pensamientos y de que nosotros mismos establezcamos cómo nos va a perturbar cualquier experiencia.

La armonía en el mundo interior tiene como secuela el optimismo y la riqueza; la riqueza interior tiene como consecuencia la riqueza exterior.

El mundo exterior refleja los sucesos y las condiciones de la conciencia interior.

Si encontramos sabiduría en el mundo interior, tendremos el sentido para percibir las maravillosas posibilidades que están latentes en él, y se nos dará el poder para hacer que esas posibilidades se muestren a su vez en el mundo exterior.

Al estar conscientes de la sabiduría que hay en el mundo interior, mentalmente tomamos posesión de ella, y al tomar posesión mental pasamos a tener una posesión existente del poder y la sabiduría necesarios para exteriorizar los factores esenciales necesarios para nuestro desarrollo más perfecto y armonioso.

El mundo interior es el mundo diestro en el que los hombres y las mujeres de poder generan valor, esperanza, entusiasmo, seguridad en sí mismos, confianza y fe, y por el cual reciben la inteligencia para tener la visión y la destreza práctica para convertir esa perspectiva en una realidad.

La vida es un desarrollo, no un incremento. Lo que nos llega en el mundo exterior es aquello que ya tenemos en el mundo interior.

LA LLAVE MAESTRA

Toda propiedad se basa en la conciencia. Toda ganancia es el resultado de una conciencia del crecimiento. Toda pérdida es el efecto de una conciencia diseminada.

La eficacia mental depende de la armonía; la discordia significa confusión; por lo tanto, quien obtiene poder debe estar en armonía con las Leyes Naturales.

Nos relacionamos con el mundo exterior a través de la mente imparcial. El cerebro es el órgano de esa mente, y el método cerebroespinal nos pone en comunicación consciente con cada una de las partes del cuerpo. El sistema nervioso reconoce cada sensación de luz, de calor, de olor, de resonancia y de sabor.

Cuando la mente recapacita correctamente, cuando entiende la verdad, cuando los pensamientos remitidos al cuerpo a través del sistema nervioso cerebroespinal son provechosos, las sensaciones son placenteras, armoniosas.

El efecto es que acumulamos vitalidad y todas las fuerzas constructivas en nuestro cuerpo, pero es a través de esta misma mente objetiva que toda angustia, enfermedad, carencia y cada forma de discrepancia y de desarmonía es aceptada en nuestras vidas. Por lo tanto, es a través de la mente objetiva, mediante el pensamiento equivocado, que nos relacionamos con todas las fuerzas destructoras.

Nos relacionamos con el mundo interior a través de la mente inconsciente. El plexo solar es el órgano de esta mente; el sistema simpático de los nervios rige todas las sensaciones subjetivas, como la alegría, el temor, el amor, la emoción, la respiración, la imaginación y todos los otros fenómenos subconscientes. Es a través del inconsciente que estamos relacionados con la Mente Universal y entramos en relación con las fuerzas constructivas Infinitas del Universo.

El gran secreto de la vida es la combinación de estos dos centros de nuestro ser y el conocimiento de sus funciones. Con este conocimiento, podemos hacer que las mentes objetiva y subjetivamente ayuden conscientemente y, de esta forma, coordinen lo finito con lo infinito.

Nuestro futuro está totalmente bajo nuestro propio control. No está a merced de cualquier poder externo voluble o incierto. Todos estamos de acuerdo en que solamente hay un Principio o Conciencia que está vigente en todo el Universo, ocupando todo el espacio y siendo fundamentalmente de la misma clase en cada punto de su presencia. Es todopoderoso, todo conocimiento y omnipresente.

Todos los pensamientos y las cosas están dentro de Él. Él es todo en todo. Solamente hay una Conciencia en el universo capaz de pensar y, cuando piensa, sus pensamientos se tornan en cosas objetivas para ella. Puesto que esta Conciencia es omnipresente, debe estar presente en cada hombre; cada persona debe ser una expresión de esa Conciencia Omnipotente, Omnisciente y Omnipresente.

Puesto que sólo hay una Conciencia en el Universo que es capaz de pensar, se deduce necesariamente que tu conciencia es igual a la Conciencia Universal, en otras palabras, que todas las mentes son una sola mente. No se puede impedir llegar a esta determinación.

La conciencia que se centraliza en las células de tu cerebro es la misma conciencia que se centra en las células cerebrales de cualquier otro ser humano. Cada persona no es más que la individualización de la Mente Universal, de la Mente Cósmica.

La Mente Universal es energía estática o potencial; puramente es. Se puede revelar únicamente a través del individuo, y el individuo se puede revelar únicamente a través de lo Universal. Son uno.

La capacidad de la persona de pensar es su capacidad de tener un resultado en lo Universal y de traerlo a la manifestación. La conciencia humana trata únicamente en la capacidad de pensar del ser humano. Se cree que la mente en sí misma es una manera tenue de energía estática, de la cual salen las actividades llamadas "pensamiento", que son la etapa dinámica de la mente. La mente es energía estática, el pensamiento es energía dinámica: son los dos períodos de la misma cosa. El pensamiento es, por lo tanto, la potencia vibratoria que se forma al convertir la mente estática en mente dinámica.

Ya que la sumatoria de todos los caracteres está contenida en la Mente Universal, que es Omnipotente, Omnisciente y Omnipresente, esos atributos deben estar vigentes en todo momento en su forma potencial en cada persona. Por lo tanto, cuando la persona piensa, el pensamiento es forzado por su naturaleza a representarse en una objetividad o un estado que pertenecerá a su origen.

Cada pensamiento es, por lo tanto, una causa, y cada estado es una secuela. Por este motivo, es absolutamente esencial que controles tus pensamientos para poder establecer únicamente circunstancias deseables.

Todo el poder viene del interior y está totalmente bajo tu control. Llega a través del conocimiento puntual y por el ejercicio voluntario de los principios exactos.

Debería quedar claro que cuando logras una plena comprensión de esta ley, y eres capaz de controlar tus procesos de pensamiento, puedes emplearla a cualquier circunstancia; en otras palabras, habrás llegado a una contribución consciente con la ley Omnipotente, que es la plataforma fundamental de todas las cosas. La Mente Universal es el principio de vida de todo átomo real; todo átomo está peleando continuamente para manifestar más vida; todos son inteligentes y todos están tratando de llevar a cabo el objetivo para el cual fueron creados.

La mayoría de la humanidad existe en el mundo exterior; pocas personas han encontrado su mundo interior y, sin embargo, es el mundo interior el que establece al mundo exterior. Por lo tanto, es creativo, y todo lo que hallas en tu mundo exterior ha sido creado por ti en tu mundo interior.

Este método hará que seas consciente del poder que será tuyo cuando entiendas esta relación entre el mundo externo y el mundo interno. El mundo interior es la causa, el mundo exterior es el efecto; para cambiar el efecto debes cambiar la causa.

Finalmente, verás que ésta es una idea esencialmente nueva y diferente. La mayoría de la gente trata de cambiar los efectos trabajando con los efectos: no logra ver que eso, simplemente, es cambiar una forma de angustia por otra. Para eliminar la discrepancia, debemos eliminar la causa, y esa causa sólo puede ser encontrada en el mundo interior.

Todo desarrollo proviene del interior. Esto es indudable en toda la naturaleza. Toda planta, todo animal, todo ser humano es una evidencia viviente de esta gran ley, y el desliz de los siglos ha estado en buscar la fuerza o el poder en el exterior.

El mundo interior es la fuente Universal de abastecimiento, y el mundo exterior es el punto de salida de esa corriente. Nuestra capacidad de absorber depende de nuestra creencia de esta Fuente Universal, de esta Energía Infinita para la que cada persona es un lugar de salida. Por lo tanto, ella es una con cada ser humano.

El reconocimiento es un proceso mental; por lo tanto, la tarea mental es la interacción del individuo con la Mente Universal. Y, puesto que la Mente Universal es la inteligencia que está vigente en todo el espacio y que alienta a todos los seres vivos, esta acción y reacción mental es la ley de causalidad. Sin embargo, el principio de causalidad no está en el individuo, sino en la Mente Universal. No es una facultad imparcial, sino un proceso subjetivo, y los efectos se ven en una infinita variedad de circunstancias y experiencias.

Para que la vida pueda pronunciarse, tiene que haber una mente; nada puede existir sin la mente. Todo lo que existe es una expresión de esta única sustancia básica a partir de la cual, y por la cual, todas las cosas han sido creadas y están siendo recreadas todo el tiempo.

Vivimos en un mar indescifrable de sustancia mental plástica. Esta sustancia está siempre viva y activa. Es sensitiva en el grado más alto.

Toma forma dependiendo la exigencia mental. El pensamiento representa el molde o la matriz a partir de la cual la sustancia se expresa.

LA LLAVE MAESTRA

Recuerda que el precio está solamente en la aplicación, y que un Entendimiento práctico de esta ley suplantará la pobreza por abundancia, la ignorancia por sabiduría, la discrepancia por armonía y la tiranía por libertad, y evidentemente, desde un punto de vista material y social, no puede haber consagraciones mayores que éstas.

Ahora, ejecuta la aplicación: elige una habitación en la que puedas estar a solas y en la que nadie te vaya a fastidiar; siéntate erguido, cómodamente, pero sin repantigarte. Deja que tus pensamientos paseen por donde quieran, pero quédate cabalmente quieto durante entre quince minutos y media hora. Aplica esto durante tres o cuatro días, o durante una semana, hasta que te afirmes de tener un control total de tu ser físico.

A muchas personas hacer esto les resultará fuertemente difícil, mientras que otras lo lograrán con facilidad, pero es absolutamente esencial certificar un control total del cuerpo para estar preparado para progresar. En el próximo capítulo, la semana que viene, recibirás instrucciones para el siguiente paso. Mientras tanto, debes haber dominado éste.

LA LLAVE MAESTRA

Estudia las preguntas y sus respuestas:

1. ¿Qué es el mundo exterior en su correspondencia con el mundo interior?

El mundo exterior es un reflejo del mundo interior.

2. ¿De qué depende toda posesión?

Toda posesión se basa en la conciencia.

3. ¿Cómo se relaciona la persona con el mundo objetivo?

La persona se relaciona con el mundo objetivo a través de la mente objetiva. El cerebro es el órgano de dicha mente.

4. ¿Cómo se relaciona con la Mente Universal?

Se relaciona con la Mente Universal a través de la mente subconsciente. El plexo solar es el órgano de dicha mente.

5. ¿Qué es la Mente Universal?

La Mente Universal es el principio de vida de cada átomo real.

6. ¿Cómo puede el Individuo poseer un efecto en lo Universal?

La capacidad de pensar del individuo es su capacidad de poseer un efecto en lo Universal y llevarlo a la manifestación.

7. ¿Cuál es el efecto de esta acción e interacción?

El efecto de esta acción e interacción es causa y efecto; cada pensamiento es una causa y cada circunstancia un efecto.

8. ¿Cómo se avalan unas circunstancias armoniosas y deseables?

Unas circunstancias armoniosas y deseables se consiguen pensando correctamente.

9. ¿Cuál es la raíz de toda discordia, desarmonía, carencia y limitación?

La discordia, la desarmonía, la carencia y la limitación son la secuela de pensar erróneamente.

10. ¿Cuál es el origen de todo poder?

El origen de todo poder es el mundo interior, la Fuente Universal de Suministro, la Energía Infinita, de la cual cada individuo es un punto de salida.

Capítulo II

Nuestras dificultades corresponden, en gran parte, a las ideas confusas y a la ignorancia de nuestros verdaderos intereses. Nuestra gran labor consiste en revelar las leyes de la naturaleza a las que debemos acomodarnos. El pensamiento claro y la percepción moral tienen, por lo tanto, un valor *incalculable, donde, los dos procesos, inclusive los del pensamiento, reposan sobre unas bases sólidas.*

Cuanto más recónditas son las sensibilidades, más sutil es el juicio, más delicado el gusto, más finos los sentimientos morales, más sutil la inteligencia, y más puras e intensas las gratificaciones que proporciona la vida. Por lo tanto, lo que suministra un placer superior es el estudio de lo mejor que se ha premeditado en el mundo.

Los poderes, usanzas y posibilidades de la mente bajo las nuevas interpretaciones son incomparablemente más asombrosos que los más singulares, o incluso que los sueños del propio material.

El pensamiento es energía. El pensamiento activo es energía activa; el pensamiento condensado es energía condensada. El pensamiento concentrado en un fin claro se convierte en poder. Ése es el poder que utilizan aquellos que no creen en la integridad de la pobreza, ni en la negación de uno mismo. Ellos piensan que ése es el camino de los débiles.

La capacidad de recibir y declarar este poder depende de la capacidad de reconocer la Energía Infinita que vive siempre en el ser humano, creando y recreando asiduamente su cuerpo y su mente, y lista para manifestarse a través de él en cualquier instante de la forma que sea necesaria. La manifestación en la vida exterior del individuo estará en proporción justa con el reconocimiento de esta verdad.

El Capítulo Dos expone el método para conseguirlo.

Las operaciones de la mente se originan por dos modalidades paralelas de actividad: una consciente y otra subconsciente. El profesor Davidson dice: "Quien cree iluminar todo el alcance de la acción mental con la luz de su propia conciencia no es distinto de quien intenta iluminar el universo con una vela de junco".

Las causas lógicas del subconsciente se llevan a cabo con una certeza y una disciplina que serían imposibles si existiera la posibilidad de error. Nuestra mente está esbozada de tal manera que prepara para nosotros las bases más significativas de la cognición, mientras que nosotros no tenemos ni el más mínimo discernimiento del modus operandi.

El alma subconsciente, como un extraño benevolente, trabaja y se provee para nuestro beneficio, dejando caer únicamente los frutos maduros sobre nuestra falda. Así pues, un análisis fundamental de los procesos de pensamiento demuestra que el subconsciente es el teatro de los fenómenos cerebrales más importantes.

Es a través del subconsciente que Shakespeare debió de percibir, sin brío, las grandes verdades que están escondidas en la mente consciente del estudiante; que Fidias debió de dar forma al mármol y al bronce; que Rafael debió de pintar las Madonna y Beethoven compuesto sus sinfonías.

La habilidad y la perfección dependen totalmente del grado en que dejamos de depender de la consciencia; tocar el piano, patinar, escribir a máquina: los trabajos que necesitan destreza, dependen del proceso de la mente subconsciente para su pulcra ejecución. La maravilla de interpretar maravillosamente una pieza en el piano mientras, al mismo tiempo, tenemos una vigorosa conversación, demuestra la grandeza de nuestros poderes subconscientes.

Todos sabemos cuánto dependemos del subconsciente, y cuanto más grandes, más ilustres, más brillantes son nuestros pensamientos, más indudable es para nosotros que su origen es enigmático para nosotros. Descubrimos que estamos dotados de tacto, de instinto, de sentido de la belleza en el arte, la música, etc., siendo totalmente inconscientes de su origen o su refugio.

El costo del subconsciente es enorme. Nos inculca, nos advierte, nos provee nombres, datos y escenas del almacén de la memoria.

Rige nuestros pensamientos, nuestros gustos, y hace tareas tan complejas que ninguna mente consciente, incluso si tuviera el poder, sería competente de realizar.

Podemos marchar a voluntad, podemos levantar el brazo siempre que deseemos hacerlo, podemos prestar atención a cualquier argumento que nos plazca con nuestros ojos o nuestros oídos. Por otro lado, no podemos contener los latidos de nuestro corazón, ni la circulación de la sangre, ni el aumento de la talla, ni la formación de tejidos nerviosos y musculares, ni el perfeccionamiento de los huesos, ni muchos otros significativos procesos vitales.

Si confrontamos estos dos tipos de actividad (uno decretado por la voluntad del momento y el otro ejecutándose en un proceder majestuoso, rítmico, sin indecisión, constante en todo momento), permanecemos sorprendidos ante el segundo y pedimos que el misterio nos sea revelado. Seguidamente, nos damos cuenta de que estos son los procesos fundamentales de nuestra vida física y no podemos evitar llegar a la conclusión de que estas trascendentales funciones están apartadas a propósito del dominio de nuestra voluntad exterior con sus diferenciaciones y transiciones, y puestas bajo la orientación de un poder permanente y confiable que está en nuestro interior.

LA LLAVE MAESTRA

De estos dos poderes, el exterior y variable ha sido denominado la Mente Consciente o Mente Objetiva (que trata con los objetos externos). El poder interior es llamado la Mente Subconsciente o Mente Subjetiva y, además de su trabajo en el plano mental, inspecciona las funciones habituales que hacen posible la vida física.

Es preciso tener un entendimiento claro de sus respectivas funciones en el plano mental, así como de otros principios básicos.

Percibiendo y marchando a través de los cinco sentidos, la mente consciente trata con las emociones y los objetos de la vida externa.

Tiene la facultad del discernimiento, transportando consigo el compromiso de la elección. Tiene poder de razonamiento (ya sea inductivo, deductivo, analítico o silogístico), y este poder puede desplegarse en gran medida. Es donde está la voluntad, con todas las energías que fluyen desde ahí.

No sólo puede conmover a otras mentes, sino que además puede dirigir a la mente subconsciente. De esta forma, la mente consciente se convierte en el gobernador y vigilante responsable de la mente subconsciente. Es esta gran función la que puede invertir completamente las circunstancias de tu vida.

A menudo es verdad que los estados de temor, preocupación, pobreza, malestar, desarmonía y todo tipo de dolencias nos dominan por medio de sugestiones falsas admitidas por una mente subconsciente desprotegida. Una mente consciente adiestrada puede prevenir totalmente todo esto mediante su vigilante acción protectora.

Podríamos denominarla adecuadamente el Guardián de la Puerta del gran campo subconsciente.

Un escritor enunció así la principal diferencia entre las dos fases de la mente: "La mente consciente es voluntad razonadora. La mente subconsciente es deseo instintivo, el resultado de la voluntad razonadora de pasado".

La mente subconsciente saca conclusiones justas y exactas de premisas suministradas por fuentes externas. Cuando la premisa es verdadera, la mente subconsciente llega a una conclusión sin falla, pero cuando la premisa o la fascinación son erróneas, toda la estructura se destruye. La mente subconsciente no entra en un proceso de demostración.

Confía en que la mente consciente, "el Guardián de la Puerta", la cuidará de impresiones erróneas.

Al tomar cualquier sugestión como cierta, a partir de ese momento la mente subconsciente pasa inminentemente a actuar en todo el ámbito de su gran campo de trabajo. La mente consciente puede insinuar una verdad o un error. En el último caso, el coste establece un riesgo de gran alcance para todo el ser.

La mente consciente debería estar de servicio durante todas las horas en que uno está despierto. Cuando el guardián está desatento o cuando su templado juicio no está funcionando, en una variedad de circunstancias, entonces la mente subconsciente está indefensa y abierta a las sugestiones de todas las fuentes. Durante la salvaje exaltación del miedo, o durante el momento frío de la ira, o en el impulso de muchedumbre irresponsable, o en cualquier otro instante de pasión descontrolada, las condiciones son de lo más peligrosas. La mente subconsciente está entonces abierta a la sugestión del miedo, el rencor, el egoísmo, la apetencia, el desprecio de uno mismo y otras fuerzas negativas, procedidas de las personas o las circunstancias del entorno.

El resultado suele ser perjudicial en el extremo, con efectos que pueden durar, desolándola durante mucho tiempo. De ahí la gran importancia de resguardar a la mente subconsciente de impresiones falsas.

La mente subconsciente percibe por intuición. De ahí que sus procesos sean vertiginosos. No espera a los métodos tardos del razonamiento consciente. De hecho, no puede utilizarlos.

Tu mente subconsciente jamás duerme, jamás descansa, del mismo modo que no lo hacen tu corazón o tu sangre. Se ha descubierto que solamente diciéndole a la mente subconsciente ciertas cosas determinadas que deben ser realizadas, se ponen en funcionamiento unas fuerzas que confluyen en el resultado deseado. Aquí tenemos, entonces, una fuente de poder que nos pone en contacto con la Omnipotencia. Aquí hay un principio profundo que vale la pena aprender sensatamente.

El funcionamiento de esta ley es interesante. Quienes la colocan en marcha, cuando acuden a toparse con una persona con la que creen que van a tener una entrevista difícil, revelan algo que ha estado ahí antes que ellos y ha hecho que las aparentes diferencias se disipen: todo ha cambiado, todo es armonioso.

Descubren que cuando se presenta algún problema dificultoso en los negocios, pueden permitirse prorrogar las cosas y algo les transmite la solución adecuada; todo se arregla convenientemente. De hecho, quienes han aprendido a confiar en el subconsciente descubren que tienen a su disposición unos recursos infinitos.

La mente subconsciente es la residencia de nuestros principios y nuestros anhelos. Es la fuente de nuestros ideales artísticos y generosos. Estos instintos sólo pueden ser destituidos mediante un proceso complicado y gradual de minar los principios naturales.

LA LLAVE MAESTRA

La mente subconsciente no puede reñir debatiendo. Por lo tanto, si ha admitido unas sugestiones erróneas, el método seguro para superarlas es mediante el uso de una enérgica contra-sugestión, repetida con periodicidad, que la mente debe aceptar. De este modo, tarde o temprano, se constituyen nuevos hábitos de pensamiento y de vida sanos, porque la mente subconsciente es la residencia del Hábito.

Aquello que hacemos una y otra vez se transforma en algo mecánico; deja de ser un acto de juicio, pero ha derrochado sus profundos surcos en la mente subconsciente. Esto es propicio para nosotros si el hábito es saludable y correcto. Si es dañino y erróneo, el remedio es reconocer la omnipotencia de la mente subconsciente y apuntar a una libertad actual existente. Puesto que el subconsciente es creativo y es uno con nuestra fuente divina, creará prontamente la libertad sugerida.

Resumiendo: Las funciones normales del subconsciente en el aspecto físico tienen que ver con los procesos habituales y esenciales, con la subsistencia de la vida y la recuperación de la salud, y con el cuidado de los hijos, que encierra el deseo instintivo de conservar toda vida y optimizar las condiciones en general.

En el aspecto mental, el subconsciente es el depósito de la memoria. Aloja a los asombrosos mensajeros del pensamiento, los cuales trabajan sin ser entorpecidos por el tiempo o el espacio. Es la fuente de la iniciativa práctica y de las fuerzas provechosas de la vida: es la morada del hábito.

En el aspecto espiritual, es la fuente de los ideales, los deseos y la imaginación, y es el conducto por el cual reconocemos a nuestra Fuente Divina. Proporcionalmente, al reconocer esta divinidad llegamos a percibir cuál es la fuente del poder.

Algunas personas podrían preguntar: ¿Cómo puede el subconsciente cambiar las circunstancias? La contestación es: porque el subconsciente es una parte de la Mente Universal, y una parte debe ser del mismo tipo y la misma cualidad que el todo; la única diferencia está en el grado. El todo, como conocemos, es creativo; de hecho, es el único creador que existe. Como resultado, descubrimos que la mente es creativa y, ya que el pensamiento es la única acción que la mente posee, el pensamiento tiene que ser, ineludiblemente, creativo también.

Pero revelaremos que hay una enorme diferencia entre el mero pensar y el dirigir sensata, sistemática y constructivamente nuestros pensamientos: cuando hacemos esto, situamos a la mente en armonía con la Mente Universal, sintonizamos con el Infinito, ponemos en marcha a la fuerza más poderosa de la existencia, el poder creador de la Mente Universal. Esto, como todo lo demás, está regido por la ley natural, y esa ley es la "Ley de Atracción", que dice que la Mente es creadora y se armonizará automáticamente con su objeto, trasladándolo a la manifestación.

LA LLAVE MAESTRA

La semana pasada te facilité un ejercicio que tenia la finalidad de aseverar el control del cuerpo físico. Si lo has realizado, estás preparado para seguir adelante. Esta vez comenzarás a controlar tus pensamientos. Si es posible, esgrime siempre la misma habitación, la misma silla y la misma posición. En algunos casos, no es beneficioso usar la misma habitación; si esto te sucede, simplemente haz el mejor uso del contexto que esté disponible. A continuación, quédate perfectamente quieto, como antes, pero inhibe todo pensamiento; esto de facilitará un control sobre todos los pensamientos de aprensión, ansiedad y temor, y te permitirá tener solamente el tipo de pensamientos que tú quieres. Continúa realizando este ejercicio hasta que logres una maestría absoluta.

No podrás hacer este ejercicio durante más de unos pocos minutos seguidos, pero es meritorio porque será una demostración muy práctica del gran número de pensamientos que están pretendiendo continuamente acceder a tu mundo mental.

La próxima semana recibirás instrucciones para un ejercicio que tal vez sea un poco más interesante, pero primero es preciso que domines éste.

LA LLAVE MAESTRA

Estudia las preguntas y sus respuestas:

11. ¿Cuáles son las dos particularidades de la actividad mental?

Consciente y subconsciente.

12. ¿De qué dependen la facilidad y la perfección?

La facilidad y la perfección dependen totalmente de la medida en que dejamos de depender de la mente consciente.

13. ¿Cuál es el valor del subconsciente?

Es formidable: nos guía, nos advierte, controla los procesos esenciales y es la morada de la memoria.

14. ¿Cuáles son algunas de las funciones de la mente consciente?

Tiene la facultad del discernimiento, tiene poder de razonamiento, es la residencia de la voluntad y puede conmover al subconsciente.

15. ¿Cómo se ha expresado la distinción entre la mente consciente y la subconsciente?

La mente consciente es voluntad razonadora. La mente subconsciente es deseo instintivo, el resultado de la voluntad razonadora anterior.

16. ¿Qué método es preciso para impresionar al subconsciente?

Mantener mentalmente lo que deseas.

17. ¿Cuál será el resultado?

Si el deseo está en acuerdo con el movimiento hacia adelante del gran Todo, se pondrán en marcha unas fuerzas que producirán el resultado.

18. ¿Cuál es el resultado del funcionamiento de esta ley?

Nuestro medio ambiente refleja circunstancias que se corresponden con la actitud mental predominante que tenemos.

19. ¿Qué nombre se le ha dado a esta ley?

La Ley de Atracción.

20. ¿Cómo se expresa esta ley?

El pensamiento es una energía creadora y, automáticamente, se correlacionará con su objeto, trayéndolo a la manifestación.

Capítulo III

Has descubierto que el Individuo puede tener un efecto en lo Universal, Y la consecuencia de esta acción e interacción son la causa y el efecto. El pensamiento, por ende, es la causa, y las experiencias con las que te hallas en la vida son el tú.

Excluye, entonces, cualquier posible tendencia a quererte de cómo han sido o cómo son los sucesos, porque depende de ti cambiarlas y convertirlas en lo que tú quieres que sean.

Administra tus esfuerzos a tomar conciencia de los recursos mentales que siempre están a tus órdenes y de los que desciende todo poder real y duradero.

Persiste en la práctica hasta que te des cuenta de que no puede haber ningún fracaso en la relación de cualquier objetivo conveniente en tu vida si entiendes tu poder y continúas en tu objetivo, porque las fuerzas de la mente siempre están dispuestas para colaborar con una voluntad resuelta, en un esfuerzo por concretar los pensamientos y los deseos en acciones, sucesos y circunstancias.

Aunque en el principio de cada función de la vida y cada acción está el resultado del pensamiento consciente, los actos usuales se vuelven automáticos y el pensamiento que los controla entra en el área del subconsciente; sin embargo, sigue siendo tan inteligente como antes. Es preciso que se vuelva automático o subconsciente para que la mente auto consciente pueda ocuparse de otras cosas. No obstante, los nuevos actos, a su vez, se volverán habituales, luego automáticos y más tarde subconscientes para que la mente pueda ser libertada otra vez de este detalle y progrese hacia otras actividades.

Cuando te des cuenta de esto, habrás encontrado una fuente de poder que te permitirá hacerte cargo de cualquier situación que pueda mostrarse en la vida.

La precisa interacción de la mente consciente y la mente subconsciente necesita una interacción similar entre los correspondientes sistemas nerviosos. El juez Troward indica el hermoso método en el cual se efectúa esta interacción. Dice: El sistema cerebroespinal es el órgano de la mente consciente y el sistema simpático es el órgano del subconsciente.

El cerebroespinal es el conducto por el cual recibimos la percepción consciente de los sentidos físicos e instruimos el control de los movimientos del cuerpo. Este sistema de nervios tiene su eje en el cerebro.

El sistema simpático tiene su centro en una masa gangliónica en la parte dorsal del estómago conocida como plexo solar, y es el canal de esa acción mental que descansa inconscientemente las funciones vitales del cuerpo.

LA LLAVE MAESTRA

La conexión entre los dos sistemas se ejecuta a través del nervio vago, que sale de la región cerebral como una parte del sistema voluntario y llega hasta el tórax, enviando ramificaciones al corazón y a los pulmones. Finalmente, al pasar por el diafragma pierde su capa exterior y se identifica con los nervios del sistema simpático, formando así una unión entre los dos y haciendo que el ser humano sea físicamente una entidad única.

Hemos comprobado que cada pensamiento es recibido por el cerebro, que es el órgano de la mente consciente, y que ahí se somete a nuestro poder de razonamiento. Cuando la mente objetiva se ha persuadido de que el pensamiento es verdad, éste es remitido al plexo solar, o el cerebro de la mente subjetiva, para ser afiliado a nuestra carne, para ser traído al mundo como una realidad. Entonces ya no es apropiado a ningún tipo de discusión. La mente subconsciente no puede batallar; sólo actúa. Acepta las conclusiones de la mente objetiva como definitivas.

El plexo solar ha sido asimilado con el Sol del cuerpo porque es el punto central de repartición de la energía que el cuerpo está generando continuamente. Esta energía es una energía muy real, así como este Sol. La energía es distribuida a través de los nervios hacia todas las partes del cuerpo y es expresada a la atmósfera que lo envuelve.

Si esta radiación es competentemente fuerte, se dice que la persona es "magnética", que está llena de magnetismo personal. Una persona así puede cultivar un enorme poder para bien. A menudo, su mera apariencia traerá la calma a las mentes preocupadas con las que entre en relación.

Cuando el plexo solar está en marcha activo e irradiando vida, energía y vigor a todas las partes del cuerpo y a todas las personas con las que se topa, las sensaciones son placenteras, el cuerpo está lleno de salud y todas las personas con las que entra en contacto advierten una sensación placentera.

Si se produce un obstáculo de esta radiación, las sensaciones son poco placenteras; el manar de la vida y la energía hacia alguna parte del cuerpo para, y ésta es la raíz de todas las enfermedades de la raza humana: físicas, mentales o medioambientales.

Físicas porque el sol del cuerpo ya no está creando la energía suficiente para rejuvenecer alguna parte del mismo; mentales porque la mente consciente depende de la mente subconsciente para obtener la vitalidad necesaria para mantener sus pensamientos, y medioambientales porque la conexión entre la mente subconsciente y la Mente Universal está siendo obstaculizada.

El plexo solar es el punto en el que la parte se halla con el todo, en el que el finito se vuelve Infinito, en que lo no creado se convierte en lo creado, lo Universal se particulariza, lo Invisible se hace visible. Es el lugar en el que aparece la vida, y no hay término a la cantidad de vida que se puede generar desde este centro solar.

LA LLAVE MAESTRA

Este centro de energía es Omnipotente porque es el lugar de contacto con toda vida y toda inteligencia. Por ende, puede hacer cualquier cosa que se le muestre, y ahí reside el poder de la mente consciente. La mente subconsciente puede llevar a cabo los procedimientos e ideas que la mente consciente le sugiera, y lo hará.

El pensamiento consciente es, entonces, el amo de ese centro solar desde el que manan la vida y la energía de todo el cuerpo. La cualidad del pensamiento que tengamos establecerá la cualidad del pensamiento que este sol transmitirá, y el carácter del pensamiento que nuestra mente consciente tenga establecerá el carácter del pensamiento que este sol irradiará. La naturaleza de los pensamientos que nuestra mente consciente tenga fijará la naturaleza de los pensamientos que este sol irradiará y, como resultado, determinará la naturaleza de la práctica que se producirá.

Por lo tanto, es obvio que lo único que tenemos que hacer es dejar que nuestra luz brille. Cuanta más energía podamos difundir, más rápidamente seremos capaces de convertir las condiciones indeseables en fuentes de placer y de beneficio. La pregunta importante, entonces, es: ¿cómo podemos dejar que esa luz brille? ¿Cómo podemos generar esa energía? El pensamiento no resistente agranda el plexo solar; el pensamiento resistente lo contrae. El pensamiento placentero lo agranda; el pensamiento desagradable lo contrae. Los pensamientos de valentía, de poder, de seguridad y de esperanza producen un estado oportuno, pero el mayor enemigo del plexo solar es el miedo. Este enemigo debe ser destruido por completo, debe ser desterrado para siempre para que exista la posibilidad de que brille la luz. Él es la nube que esconde al Sol, que produce una penumbra perpetua.

Éste es el demonio personal que hace que las personas tengan miedo al pasado, al presente y al futuro; que teman de sí mismas, de sus amigos y de sus enemigos; que tengan miedo a todo y a todos.

Cuando el miedo haya sido demolido eficazmente y por completo, tu luz brillará, las nubes se diseminarán y habrás encontrado la fuente de poder, energía y vida.

Cuando reveles que en realidad eres uno con el poder Infinito, y cuando puedas ser consciente de este poder a través de una evidencia práctica de tu capacidad de superar cualquier circunstancia desfavorable con el poder del pensamiento, no tendrás nada que temer; el miedo habrá sido arruinado y estarás en posesión de tu derecho natural.

Nuestra actitud mental hacia la vida es la que establece las experiencias con las que nos vamos a hallar. Si no esperamos nada, no tendremos nada; si pedimos mucho, tomaremos la porción más grande. El mundo es duro solamente si no somos capaces de hacernos valer. Las críticas del mundo son amargas sólo para aquellos que no son capaces de hacer lugar para sus ideas. Es el miedo a estas críticas lo que hace que muchas ideas no alcancen a ver la luz del día.

Pero la persona que sabe que tiene un plexo solar no tendrá miedo a las críticas, ni a ninguna otra cosa; estará muy ocupada irradiando valentía, seguridad y poder. Esperará el éxito con su actitud mental; harán añicos los muros y saltará por encima de la fosa de dudas e incertidumbre que el miedo coloque en su camino.

Un conocimiento de nuestra capacidad de irradiar conscientemente salud, fuerza y armonía nos llevará a darnos cuenta de que no hay nada de qué tener miedo, porque estamos en contacto con la Fuerza Infinita.

Este conocimiento sólo puede lograrse haciendo una aplicación práctica de esta investigación. Aprendemos haciendo: mediante la práctica, el atleta viene poderoso.

Puesto que la siguiente aseveración tiene una importancia considerable, la expresaré de varias maneras, para que no dejes de captar toda su trascendencia. Si tienes tendencias religiosas, te diría que dejes que brille tu luz. Si tu mente se ladea hacia la ciencia física, te diría que puedes avivar al plexo solar o, si prefieres la interpretación estrictamente científica, te diré que puedes conmover a tu mente subconsciente.

Ya te he dicho cuál será el efecto de esa impresión. Ahora, lo que te interesa es el método. Ya has asimilado que el subconsciente es inteligente y que es creativo, y que reconoce a la voluntad de la mente consciente. ¿Cuál es, entonces, la forma más natural de hacer la impresión anhelada? Concéntrate mentalmente en el objeto de tu deseo, porque cuando te concentras estás conmoviendo al subconsciente.

Ésta no es la única manera, pero es sencilla y eficaz, y es la más directa; en consecuencia, es la forma en la que se alcanzan los mejores resultados. Éste es un método que está dando unos efectos tan extraordinarios que muchas personas creen que se están produciendo milagros.

Éste es el método con el que todo gran inventor, todo gran económico, todo gran estadista ha sido capaz de convertir la fuerza sutil e impalpable del deseo, la fe y la confianza en hechos reales, tangibles y precisos en el mundo objetivo.

La mente subconsciente es una parte de la Mente Universal. La Mente Universal es el Principio Creador del Universo; la parte debe ser de la misma clase y carácter que el todo. Esto quiere decir que ese poder creador es definitivamente ilimitado: no está limitado por ningún tipo de precursor. En consecuencia, no hay ninguna pauta anterior real según la cual haya que aplicar su principio constructivo. Hemos descubierto que la mente subconsciente reconoce a nuestra voluntad consciente, lo cual significa que el poder creador ilimitado de la Mente Universal está bajo el control de la mente consciente del hombre.

Cuando realices una aplicación práctica de este principio, de acuerdo con los ejercicios facilitados en las lecciones subsiguientes, es bueno que te acuerdes que no es necesario describir el método por el cual el subconsciente producirá los efectos que tú deseas. El finito no puede informar al Infinito. Simplemente debes decir lo que quieras, no cómo vas a conseguirlo.

Tú eres el canal por el cual lo indiferenciado está siendo diferenciado, y esta diferenciación se está logrando por la apropiación.

Sólo se requiere el reconocimiento para poner en movimiento las causas que originarán los resultados de acuerdo con tu deseo, y esto se logra porque lo Universal sólo puede actuara través del individuo, y el individuo sólo puede proceder a través de lo Universal: son uno.

Para tu ejercicio de esta semana, te solicitaré que vayas un paso más allá. Quiero que no sólo te quedes totalmente quieto e inhibas todo pensamiento en la medida de tus capacidades, sino también que te relajes, te desenganches, dejes que los músculos alcancen su estado normal; esto quitará toda presión a los nervios y alejará la tensión que con tanta reiteración produce un agotamiento físico.

La relajación física es un ejercicio de la voluntad. Encontrarás que este ejercicio tiene un gran valor, ya que admite que la sangre circule libremente hacia, y desde, el cerebro y el cuerpo.

La tensión traslada a la intranquilidad mental y a una actividad anormal de la mente; produce ansiedad, aprensión, temor y ansiedad.

La relajación es, por ende, una necesidad absoluta para que las facultades mentales puedan instruir la mayor libertad.

Haz este ejercicio de la forma más atenta y completa posible.

Decide mentalmente que vas a relajar cada músculo y cada nervio hasta que te sientas tranquilo, descansado y en paz contigo mismo y con el resto.

Entonces, el plexo solar estará dispuesto para funcionar.

Te sorprenderá el resultado.

LA LLAVE MAESTRA

Estudia las preguntas y sus respuestas:

21. ¿Qué sistema de los nervios es el órgano de la Mente Consciente?

El sistema cerebroespinal.

22. ¿Qué sistema nervioso es el órgano de la mente subconsciente?

El sistema simpático.

23. ¿Cuál es el punto céntrico de distribución de la energía que el cuerpo está generando consecutivamente?

El plexo solar.

24. ¿Cómo se puede interrumpir esta distribución?

Con pensamientos duros, críticos y discordantes, especialmente de miedo.

25. ¿Cuál es el resultado de esta interrupción?

Todas las enfermedades que abaten a la humanidad.

26. ¿Cómo se puede controlar y administrar esa energía?

Mediante el pensamiento consciente.

27. ¿Cómo se puede eliminar completamente el temor?

Mediante un conocimiento y un reconocimiento de la verdadera fuente de todo poder.

28. ¿Qué establece las experiencias con las que nos encontramos en la vida?

Nuestra actitud mental predominante.

29. ¿Cómo podemos despertar al plexo solar?

Concentrándonos mentalmente en las circunstancias que deseamos ver manifestadas en nuestras vidas.

30. ¿Cuál es el Principio Creador del Universo?

La Mente Universal.

Capítulo IV

Aquí te brindo el Capítulo Cuatro. Esta sección te mostrará por qué lo que piensas, haces o sientes es muestra de lo que tú eres.

El pensamiento es energía y la energía es poder. El hecho de que todas las religiones, ciencias y filosofías con las que el mundo ha estado habituado hasta ahora se han fundado en la manifestación de esta energía en lugar de basarse en la energía en sí misma, es el porqué por el cual el mundo se ha vuelto limitado a los efectos, mientras que las causas han sido ignoradas o interpretadas inexactamente.

Por esta razón tenemos a Dios y al Diablo en la religión, lo positivo y lo negativo en la ciencia, y lo bueno y lo malo en la filosofía.

La Llave Maestra cambia el proceso; se interesa solamente en la causa. Las cartas que he recibido de los estudiantes relatan una historia maravillosa: muestran deforma irrebatible que ellos están encontrando la causa por la cual pueden afirmarse la salud, la armonía, la abundancia y cualquier otra cosa que puede ser precisa para su bienestar y su felicidad.

La vida es explícita, y nosotros debemos expresarnos armoniosa y constructivamente. La tristeza, la desgracia, la infelicidad, la enfermedad y la pobreza no son miserias, y estamos eliminándolas asiduamente.

Pero este proceso de expulsión consiste en elevarse por encima de cualquier tipo de limitaciones y dejarlas atrás. La persona que ha fortalecido sus pensamientos no tiene que molestarse por los microbios, y quien ha llegado a una visión de la ley de la abundancia llegará inmediatamente a la fuente de provisión.

Es así como la suerte, la fortuna y el destino serán controlados con la misma rapidez con que un capitán controla su barco, o un maquinista su tren.

El "yo" que hay en ti no es tu cuerpo físico. El cuerpo es puramente un instrumento que el "yo" maneja para llevar a cabo sus propósitos.

El "yo" no puede ser la Mente, pues la mente es simplemente otro instrumento que el "yo" esgrime para pensar, razonar y planificar.

El "yo" debe ser algo que vigila y dirige tanto el cuerpo como la mente; algo que establece qué harán y cómo actuarán. Cuando te des cuenta de la auténtica naturaleza de este "yo", disfrutarás de una sensación de poder que nunca antes habías conocido.

LA LLAVE MAESTRA

Tu personalidad está combinada por innumerables características individuales, singularidades, hábitos y rasgos de carácter que son el resultado de tu vieja forma de pensar, pero que no tienen nada que ver con el "yo" real.

Cuando dices, "Yo pienso", el "yo" le indica a la mente lo que debe pensar; cuando dices, "Yo voy", el "yo" le dice al cuerpo dónde debe ir.

La verdadera naturaleza de este «yo» es espiritual, y es el nacimiento del auténtico poder que tienen hombres y mujeres cuando toman conciencia de su verdadera naturaleza.

El poder más grande y más asombroso que se le ha dado a este "yo" es el poder de pensar. Sin embargo, pocas personas saben cómo pensar de forma provechosa, o correctamente, y en consecuencia sólo consiguen resultados corrientes. La mayoría de la gente deja que sus pensamientos giren enormemente en torno a objetivos egoístas, lo cual es el efecto inevitable de una mente infantil. Cuando la mente madura, percibe que en todo pensamiento egoísta está el germen del fracaso.

La mente adiestrada sabe que toda transacción debe beneficiar a todas las personas que están relacionadas de alguna forma con la transacción, y que cualquier ensayo de beneficiarse de la debilidad, la ignorancia o la insuficiencia de otra persona obrará, inevitablemente, en su detrimento.

Esto se debe a que el sujeto es parte de lo Universal. Una parte no puede antagonizar con ninguna otra parte. Antes bien, por el contrario, la prosperidad de cada parte depende de la afirmación del interés de la totalidad.

Quienes reconocen este principio poseen una gran ventaja en los asuntos de la vida. No se acaban. Pueden eliminar los pensamientos errantes con destreza. Pueden concentrarse fácilmente en cualquier tema del grado más alto posible. No pierden el tiempo ni el dinero en cosas que no les aportan ningún beneficio.

Si no puedes hacer estas cosas es porque hasta el momento, no has realizado el brío necesario. Ahora es el momento de que lo hagas. El resultado será fielmente proporcional al esfuerzo realizado. Una de las afirmaciones más poderosas que puedes manejar con el propósito de vigorizar la voluntad y realizar tu capacidad de tener éxito es: "Puedo ser lo que yo quiera ser".

Cada vez que repitas esto, date cuenta de qué y quién es ese "yo", Trata de comprender plenamente la naturaleza de ese "yo". Si lo haces, serás invulnerable; esto es, siempre y cuando tus objetivos y tus fines sean constructivos y, en efecto, estén en armonía con el principio creador del Universo.

Si haces uso de esta aseveración, hazlo continuamente, por la noche y por la mañana y, durante el día, cada vez que pienses en ella.

LA LLAVE MAESTRA

Sigue haciéndolo hasta que sea parte de ti. Crea la costumbre.

Si no vas a hacerlo, es mejor que no comiences, porque la psicología moderna dice que cuando empezamos algo y no lo terminamos, o cuando tomamos una decisión y no la mantenemos, estamos creando el hábito del fracaso, del fracaso absoluto e infame. Si no tienes intención de hacer nada, no comiences. Si lo haces, llega hasta el final, aunque se caiga el cielo. Si decides proceder, adelante; no dejes que nada, ni nadie te estorbe. El "yo" que hay en ti ha tomado una decisión, está decidido. La suerte está echada; no hay nada que discutir.

Si llevas a cabo esta idea, comenzando por las pequeñas cosas que sabes que puedes vigilar y aumentando gradualmente el esfuerzo -pero sin dejar nunca, bajo ninguna circunstancia, que tu "yo" sea abolido- descubrirás que al final logras controlarte. Muchos hombres y mujeres han descubierto, para su desconsuelo, que es más fácil controlar un reino que controlarse a sí mismos.

Cuando hayas aprendido a controlarte habrás hallado el "Mundo Interior" que controla al mundo exterior; te habrás vuelto indomable; las personas y las cosas responderán a todas tus pretensiones sin ningún esfuerzo supuesto por tu parte.

Esto no es ni tan raro ni tan imposible como parece cuando uno se acuerda que el "Mundo Interior" está controlado por el "yo", y que este "yo" es una parte del "yo" Infinito que es la Energía Universal, o el Espíritu, comúnmente llamado Dios.

No se trata de una mera aseveración o teoría hecha con el propósito de ratificar o establecer una idea, sino que es una realidad que ha sido aceptada por el mejor pensamiento religioso, así como por el mejor pensamiento científico.

Herbert Spender dijo: "De todos los misterios que nos rodean, ninguno es más verdadero que el hecho de que estamos siempre en presencia de una Energía Infinita y Eterna de la cual vienen todas las cosas".

Lyman Abbott, en un discurso dado en el Seminario Teológico de Alumni de Bangor, dijo: "Estamos comenzando a pensar que Dios vive en el hombre, en lugar de intervenir en el hombre desde fuera".

La ciencia prospera un poco en su búsqueda y se detiene. La ciencia encuentra a la siempre presente Energía Eterna, pero la religión encuentra el Poder que está detrás de esa energía y lo delimita dentro del hombre. Pero éste no es, en absoluto, un nuevo hallazgo.

La Biblia dice fielmente lo mismo, y el lenguaje es igual de natural y convincente: "¿Acaso no sabes que eres el Templo del Dios viviente?". He aquí, entonces, el secreto del asombroso poder creador del "Mundo Interior".

LA LLAVE MAESTRA

He aquí el secreto del poder, del mando. Vencer no significa despreciar las cosas. La negación de uno mismo no es el éxito. No podemos dar a menos que recibamos; no podemos socorrer a menos que seamos fuertes. El Infinito no es una quiebra, y los que somos los representantes del Poder Infinito no deberíamos estar tampoco en la ruina. Si queremos ser útiles debemos tener poder y más poder, pero para lograrlo debemos dar; debemos ser útiles.

Cuanto más demos, más recibiremos. Tenemos que convertirnos en un canal por el cual lo Universal pueda pronunciar actividad. Lo Universal está continuamente tratando de expresarse, ser útil, y busca un conducto para encontrar la mayor actividad, hacer el mayor bien, ser de mayor servicio para la humanidad.

Lo Universal no puede expresarse a través de ti si estás ocupado con tus planes, con tus propios objetivos. Aquieta los sentidos, busca iluminación, centra la actividad mental en el interior, persiste en la conciencia de tu unidad con la Omnipotencia. "Las aguas tranquilas llegan a lo más recóndito". Observa las múltiples oportunidades a las que tienes paso espiritual por la Omnipresencia del poder.

Visualiza los sucesos, las circunstancias y las condiciones que puedes declarar con ayuda de estas conexiones espirituales.

Toma conciencia del hecho de que la naturaleza y el alma de todas las cosas son espirituales, y de que lo espiritual es lo existente, porque es la vida de todo lo que existe. Cuando no hay espíritu, no hay vida: está muerta; ha dejado de existir.

Estas actividades mentales corresponden al mundo interior, al mundo de la causa, y las condiciones y las circunstancias resultantes son el efecto. Así es como te tornas en un creador. Éste es un trabajo significativo, y cuanto más enaltecidos, más sublimes, más grandiosos y más nobles sean los ideales que puedas imaginar, más importante será el trabajo.

La abundancia de trabajo, o la abundancia de juego, o la abundancia de actividad corporal de cualquier tipo causan unas condiciones de apatía mental y paralización que hacen imposible que uno pueda realizar el trabajo más importante, el cual tiene como efecto la realización del poder consciente. Por lo tanto, deberíamos indagar en la frecuencia del silencio. El poder llega a través de la tranquilidad. Es en el silencio que podemos estar despejados, y cuando estamos despejados podemos pensar, y el pensamiento es el secreto de todo éxito.

El pensamiento es una modalidad del movimiento y es trasladado por la ley de vibración, al igual que la luz o la electricidad. Las emociones le dan vigor a través de la ley del amor. El pensamiento toma forma y expresión por la ley del crecimiento. Es un producto del "yo" espiritual; de ahí su naturaleza divina, espiritual y creativa.

LA LLAVE MAESTRA

A partir de esto, es indudable que para que uno pueda expresar poder, abundancia o cualquier otro resultado constructivo, debemos recurrir a las emociones para que le den emoción al pensamiento, para que éste pueda tomar forma. ¿Cómo se puede lograr este objetivo?

Ése es el objetivo fundamental: ¿cómo podemos desplegar la fe, el valor y el sentimiento que tendrán como consecuencia el éxito?

La respuesta es: a través del ejercicio. La fuerza mental se logra exactamente de la misma forma en que se consigue la fuerza física: mediante el ejercicio. Pensamos en algo, quizá con problema la primera vez; pensamos otra vez en lo mismo, y esta vez nos parece más fácil; volvemos a pensar en ello una y otra vez; posteriormente estamos convencidos de lo que pensamos: ya no hay ninguna indecisión al respecto. Estamos seguros; lo sabemos.

La semana pasada te solicité que te relajaras, que te soltaras físicamente. Esta semana te voy a pedir que te sueltes mentalmente. Si has ejercido la instrucción que te di la semana pasada durante quince o veinte minutos al día, de acuerdo con las explicaciones, sin duda ahora puedes aliviarte físicamente. Cualquiera que no sea capaz de hacerlo ágilmente y por completo no es dueño de sí mismo; no ha logrado la libertad; todavía es esclavo de las circunstancias. Pero voy a dar por sentado que tú has vencido el ejercicio y que estás preparado para dar el siguiente paso, que es la libertad mental.

Esta semana, después de tomar tu posición frecuente, elimina toda tensión relajándote totalmente. Luego suelta, mentalmente, todos los estados hostiles, como el odio, la rabia, la preocupación, los celos, la envidia, los problemas o desilusiones de cualquier tipo.

Quizá digas que no consigues "soltar" todas esas cosas, pero sí puedes: puedes hacerlo repitiendo mentalmente que lo vas a hacer, mediante la intención voluntaria y la constancia.

El motivo por el cual algunas personas no pueden hacerlo es porque Dejan que las emociones las controlen, en lugar del intelecto. Pero quienes estén guiados por el entendimiento obtendrán la victoria. No lo conseguirás la primera vez que lo desees, pero con la práctica se logra la perfección en esto y en todo lo demás. Debes lograr rechazar, eliminar y destruir por completo esos pensamientos negativos y destructores, porque son la semilla que está creando interminablemente circunstancias opuestas, de todas las clases y descripciones concebibles.

LA LLAVE MAESTRA

Estudia las preguntas y sus respuestas:

3 1. ¿Qué es el pensamiento?

El pensamiento es energía espiritual.

32. ¿Cómo es trasladado?

Por la ley de vibración.

33. ¿Cómo se le da vitalidad?

Mediante la ley del amor.

34. ¿Cómo toma forma?

Por la ley de crecimiento.

35. ¿Cuál es el secreto de su poder creador?

Que es una actividad espiritual.

36. ¿Cómo podemos desplegar la fe, la valentía y el entusiasmo que producirán el éxito?

A través de un reconocimiento de nuestra naturaleza espiritual.

37. ¿Cuál es el secreto del Poder?

El servicio.

38. ¿Por qué?

Porque recibimos lo que damos.

39. ¿Qué es el Silencio?

Una quietud física.

40. ¿Qué valor tiene?

Es el primer paso para el autocontrol, para el dominio de uno mismo.

Capítulo V

Aquí encontrarás el Capítulo Cinco. Después de estudiar esta parte, verás que toda fuerza, u objeto, o hecho concebible es el efecto de la mente en acción.

La mente en acción es pensamiento, y el pensamiento es inventor. Las personas están pensando ahora como no lo habían hecho nunca antes.

Por lo tanto, ésta es una era creativa, y el mundo está dando sus mejores premios a quienes piensan. La materia es estéril, pasiva, inerte.

La mente es fuerza, energía, poder. La mente da representación a la materia y la controla. Cada forma que toma la materia no es sino la expresión del pensamiento existente.

Pero el pensamiento no origina transformaciones mágicas; obedece a Unas leyes naturales; pone en movimiento a las fuerzas naturales; libera Energías naturales. Se manifiesta en tu manera de ser y en tus actos y éstos, a su vez, reaccionan en tus amigos y conocidos, y finalmente, en todo tu medio ambiente.

Puedes dar comienzo a pensamientos y, puesto que éstos son creativos, Poder crear tú mismo las cosas que quieres.

Al menos un noventa por ciento de nuestra vida mental es inconsciente, de manera que quienes no hacen uso de este poder mental viven dentro de unos términos totalmente estrechos.

El subconsciente puede solucionar cualquier problema para nosotros, y de hecho lo hará si sabemos cómo regirlo. Los procesos subconscientes siempre están en marcha; la única pregunta es: ¿debemos ser simplemente recipientes pasivos de esta actividad, o debemos dirigir sensatamente el trabajo? ¿Debemos tener una visión del destino que queremos lograr, de los riesgos a evitar, o debemos meramente dejarnos llevar? Hemos descubierto que la mente está presente en todas las partes del cuerpo físico y siempre puede ser mandada o impresionada por una autoridad descendiente de la parte más objetiva o más dominante de la mente.

La mente, que está presente en todo el cuerpo, es en gran medida el efecto de la herencia, la cual, a su vez, es puramente el resultado de todos los círculos de todas las generaciones anteriores en las fuerzas importantes sensibles y siempre en movimiento. Un conocimiento de este hecho nos dejará utilizar nuestra jurisdicción cuando encontremos que se está declarando algún rasgo de carácter indeseable.

Podemos usar conscientemente todas las particularidades deseables que nos han sido dadas y podemos reprimir las que son indeseables, y negarnos a dejar que se manifiesten.

Por otro lado, esta mente que está presente en todo nuestro cuerpo físico no sólo es el resultado de las predisposiciones hereditarias, sino también del ambiente de la casa, del trabajo y social, en el que hemos recibido miles de emociones, ideas, obsesiones y pensamientos similares. Una gran parte de ello la hemos recibido de otras personas, como consecuencias de opiniones, sugerencias o aseveraciones y otra gran parte es el resultado de nuestra propia forma de pensar. Sin embargo, prácticamente todo ello ha sido aprobado con poco análisis o estudio, o ninguno.

La idea nos pareció meritoria, la mente consciente la recibió y la transmitió al inconsciente, donde fue aceptada por el sistema simpático e incorporada en nuestro cuerpo físico. "La palabra se hizo carne."

Así es, entonces, como estamos continuamente creándonos y recreándonos.

Hoy somos el efecto de nuestros pensamientos del pasado, y seremos lo que estamos pensando hoy. La Ley de Atracción no nos está contribuyendo las cosas que nos gustaría tener, ni las cosas que deseamos, ni lo que tiene otra persona, sino lo nuestro: las cosas que hemos creado a través de nuestros procesos de pensamiento, consciente o inconscientemente. Desgraciadamente, muchos de nosotros estamos creando estas formas inconscientemente.

Si alguno de nosotros se estuviera edificando una casa, sería muy cuidadoso respecto a los planos, estudiaría cada pormenor, se fijaría en el material y elegiría solamente lo mejor. Sin embargo, qué negligentes somos cuando se trata de construir nuestro Hogar Mental, que es incomparablemente más importante que cualquier hogar físico, ya que todo lo que entra en nuestras vidas obedece del carácter del material que entra en la cimentación de nuestro Hogar Mental.

¿Cuál es el carácter de este material? Hemos visto que es el resultado de las emociones que hemos acumulado en el pasado y almacenado en nuestra Mentalidad inconsciente. Si esas impresiones han sido de temor, preocupación, aprensión o ansiedad; si han sido pesimistas, negativas, de vacilaciones, entonces la textura del tejido que estamos tejiendo hoy estará hecha de la misma médula negativa.

En lugar de ser de algún valor, estará oxidada y podrida, y sólo nos traerá más fatiga, ansiedades y ansiedad. Siempre estaremos ocupados intentando zurcirla y haciendo que parezca valiosa.

LA LLAVE MAESTRA

Pero si sólo hemos depositado pensamientos valientes, si hemos sido optimistas, positivos, si hemos arrojado seguidamente cualquier tipo de pensamiento negativo a la basura, si nos hemos negado a tener nada que ver con él, si nos hemos negado a relacionarnos con él o a igualarnos con él en modo alguno, entonces, ¿cuál es el efecto? Nuestro tejido mental es ahora de la superior clase; podemos tejer cualquier tipo de tejido que deseemos; podemos usar los colores que queramos; sabemos que la textura es firme, que el tejido es sólido, que no se disipará, y no tenemos ningún miedo, ninguna ansiedad respecto al futuro. No hay nada que esconder, no hay ningún parche que ocultar.

Ésta es una realidad psicológica. No es una teoría o una teoría sobre estos procesos de pensamiento. No hay nada secreto en ella; de hecho, es tan simple que cualquiera la puede entender. Lo que hay que hacer es un lavado de nuestra "casa mental" y hacerlo cada día para mantener la casa limpia. Las limpiezas mental, moral y física son definitivamente indispensables si queremos hacer algún progreso.

Cuando este proceso de limpieza mental ha sido ejecutado, el material que quede será conveniente para la realización del tipo de ideales o imágenes mentales que deseamos efectuar. Hay una estupenda propiedad esperando a ser solicitada. Sus grandes acres, con copiosos cultivos, arroyos y bellos árboles, se extienden hasta donde alcanza la vista. Hay una mansión, extensa y alegre, con pinturas poco frecuentes, una biblioteca bien surtida, ricas lámparas de techo y todos los bienestares y lujos. Lo único que tiene que hacer el heredero es exponer su derecho a la herencia, tomar posesión y usar la pertenencia. Tiene que utilizarla; no debe dejar que se estropee, pues el uso es la condición para conservarla. Descuidarla es desaprovechar la posesión.

En los dominios de la mente y el espíritu, en los dominios del poder experto, hay una propiedad como esa, y es tuya. ¡Eres el heredero! Puedes declarar tu derecho a la heredarla y tenerla, y utilizar esta rica herencia. El poder sobre los sucesos es uno de sus frutos; la salud, la armonía y la felicidad son bienes en su balance. Te ofrece entereza y paz. El coste es únicamente la tarea de estudiar y recolectar sus grandes recursos. No exige ningún sacrificio, excepto la pérdida de tus limitaciones, tus servidumbres y tus debilidades. Te recubre de honor y pone un imperio en tus manos.

Para alcanzar esta propiedad, son necesarios tres procesos:

1) Debes desearla de todo corazón.

2) Debes declarar lo que reclamas.

3) Debes tomar posesión.

Aceptas que ésas no son circunstancias gravosas. Estás familiarizado con el tema de la herencia. Darwin, Huxley, Haeckel y otros científicos físicos han reunido muchas pruebas de que la herencia es una ley sobre la creación progresiva. La herencia progresiva es lo que entrega al ser humano su actitud erguida, su fuerza motriz, los órganos de la digestión, la circulación sanguínea, la fuerza nerviosa, la fuerza muscular, la estructura ósea y una serie de otros talentos en el aspecto físico. Existen datos incluso más increíbles sobre la herencia de la fuerza mental. Todo ello forma lo que se podría llamar la herencia humana.

Pero hay una herencia que los científicos físicos no han entendido. Subyace a todas sus investigaciones y las precede. En ese punto en el que alzan las manos con desilusión, diciendo que no pueden explicar lo que ven, se encuentra esta herencia divina en pleno dominio.

Es la fuerza apacible que decreta la creación original. Desciende desde lo divino, derechamente hasta todos los seres creados. Origina la vida: algo que el científico no ha logrado, ni podrá hacer, nunca.

Destaca entre todas las fuerzas supremas y es imposible. Ninguna herencia humana puede aproximarse a ella. Ninguna herencia humana está a su altura.

Esta Vida Infinita fluye a través de ti: eres tú. Sus puertas no son más que las facultades que componen tu conciencia. Conservar estas puertas abiertas es el Secreto del Poder. ¿Acaso no vale la pena realizar este esfuerzo?

El gran dato es que la fuente de toda vida y de todo poder viene de tu interior. Las personas, circunstancias y sucesos pueden sugerir escasez y oportunidades, pero la comprensión, la fuerza y el poder para contestar a esas oportunidades las encontrarás en tu interior.

Evita los fingimientos. Crea unos cimientos firmes para tu conciencia sobre fuerzas que manen directamente de la fuente Infinita, la Mente Universal, de la cual eres imagen y similitud.

Quienes toman posesión de esta herencia nunca vuelven a ser fielmente los mismos. Ahora poseen un sentido del poder con el que nunca antes habían sonado. Nunca volverán a ser retraídos, endebles, vacilantes o temerosos. Están resistentemente conectados con la Omnipotencia. Algo ha despertado en ellos; repentinamente, han descubierto que tienen una gran destreza latente de la que, hasta ahora, no habían sido del todo conscientes.

Este poder viene del interior, pero no podemos recibirlo a menos que lo demos. El uso es la situación para conservar esta herencia. Cada uno de nosotros no es más que un conducto a través del cual el poder Omnipotente está siendo especial para tomar forma. Si no damos, el canal se cierra y ya no podemos seguir recibiendo.

LA LLAVE MAESTRA

Esto se aplica en todos los aspectos de la existencia, en todos los campos de acción y en todos los ámbitos de la vida. Cuanto más damos, más recibimos. El atleta que quiere ser más fuerte debe hacer uso de la fuerza que posee, y cuanto más dé, más recibirá. El financiero que quiere hacer dinero debe hacer uso del dinero que tiene, porque únicamente utilizándolo podrá conseguir más.

El comerciante que no deje que sus mercancías salgan consecutivamente pronto dejará de recibir; la empresa que no suministre un servicio eficaz pronto se quedará sin clientes; el abogado que no consiga efectos pronto se quedará sin clientes, y así ocurre en todas partes. El poder depende de que uno haga un uso adecuado del poder que ya posee. Lo que es verdad en todos los campos de acción, en todas las usanzas en la vida, es cierto para el poder del que vienen todos los demás poderes conocidos por el hombre: el poder espiritual. Si prohíbes el espíritu, ¿qué queda? Nada.

Entonces, si el espíritu es todo lo que hay, del dogma de este hecho dependerá la capacidad de manifestar todo poder, ya sea físico, mental o espiritual.

Toda posesión es el resultado de la actitud de desarrollo de la mente o la conciencia del dinero. Ésta es la varita mágica que te dejará recibir la idea y creará planes para que tú los ejecutes, y encontrarás tanto placer en la realización como en la satisfacción de la consecución y el éxito.

Ahora, ve a tu habitación, asiéntate en el mismo lugar y en la misma posición que antes y, mentalmente, opta por un lugar que tenga asociaciones atractivas para ti. Crea una imagen mental completa de él, imagina las construcciones, los suelos, los árboles, los amigos, las asociaciones; todo completo. Al principio te hallarás pensando en todo menos en el ideal en el que deseas concentrarte, pero no permitas que esto te desanime. La perseverancia triunfará, pero es preciso que practiques estos ejercicios todos los días, sin falta.

LA LLAVE MAESTRA

Estudia las preguntas y sus respuestas:

41. ¿Qué proporción de nuestra vida mental es inconsciente?

Al menos un noventa por ciento.

42. Por lo general, ¿usamos este enorme almacén mental?

No.

43. ¿Por qué no?

Pocas personas entienden o aprecian el hecho de que esta es una actividad que ellas pueden dirigir conscientemente.

44. ¿De dónde ha recibido la mente consciente las tendencias que la rigen?

De la herencia: lo cual quiere decir que es el resultado de todos los ambientes de todas las generaciones anteriores.

45. ¿Qué nos proporciona la ley de atracción?

Lo que es "nuestro".

46. ¿Qué es lo "nuestro"?

Aquello que somos substancialmente, y es el resultado de nuestros pensamientos del pasado, tanto conscientes como subconscientes.

47. ¿De qué está hecho el material con el que construimos nuestro hogar mental?

De los pensamientos que tenemos.

48. ¿Cuál es el Secreto del Poder?

Un reconocimiento de la omnipresencia de la omnipotencia.

49. ¿Dónde se origina?

Toda vida y todo poder viene del interior.

50. ¿De qué depende la posesión del poder?

Del uso adecuado del poder que ya poseemos.

Capítulo VI

Es mi privilegio brindarte el Capítulo Seis. Este capítulo te proporcionará Un entendimiento excelente del mecanismo más maravilloso que ha sido creado jamás. Un mecanismo con el cual logras crear para ti salud, fortaleza, éxito, bienestar o cualquier otra posición que desees.

Las necesidades son requerimientos, las exigencias crean acción y las acciones producen multados. El proceso de perfeccionamiento está construyendo continuamente nuestro "mañana" a partir de nuestro "hoy". El desarrollo individual, al igual que el progreso Universal, debe ser gradual, con una capacidad y un volumen siempre progresivos.

El conocimiento de que si violamos los derechos de los demás nos tornamos en espinas morales y terminamos enredados en cada elipse del camino debería ser una alarma de que el éxito depende del más alto ideal moral, que es "El mayor bien para el mayor número". Unas ambiciones, unos deseos y unas relaciones armoniosas conservadas continua y persistentemente conseguirán resultados. El mayor obstáculo son las ideas erróneas y fijas.

Para estar en sintonía con la verdad perdurable debemos tener aplomo y armonía en nuestro interior. Para poder absorber inteligencia, el receptor debe estar en sintonía con el transmisor.

El pensamiento es un fruto de la Mente y la Mente es creativa, pero esto no significa que lo Universal cambiará su modus operandi para acoplarse a nosotros o con nuestras ideas. Lo que significa es que podemos llegar a tener una correlación armoniosa con lo Universal. Cuando lo hayamos logrado, entonces podremos solicitar cualquier cosa a la que tengamos derecho, y veremos el camino con toda claridad.

La Mente Universal es tan maravillosa que es complicado comprender sus poderes y posibilidades útiles y sus efectos productores ilimitados.

Hemos descubierto que esta Mente no sólo es toda comprensión, sino que también es toda sustancia. ¿Cómo se diferencia, entonces, en la forma? ¿Cómo podemos afirmarnos de conseguir el efecto que queremos?

Consúltale a cualquier electricista cuál es el resultado de la electricidad y te contestará que "la electricidad es una representación del movimiento y su efecto dependerá del mecanismo al que esté enlazada". De ese mecanismo penderá que consigamos calor, luz, energía, música o cualquier otra asombrosa demostración del poder para el que esta energía esencial ha sido utilizada.

LA LLAVE MAESTRA

¿Qué efecto puede causarse con el pensamiento? La respuesta es que el pensamiento es mente en movimiento (del mismo modo que el viento es aire en movimiento), y sus consecuencias dependerán totalmente del mecanismo al que esté conectado.

Aquí poseemos, entonces, el secreto de todo poder mental: depende Totalmente del mecanismo al que nos conectemos.

¿Cuál es este mecanismo? ¿Conoces algo sobre el mecanismo que ha sido inventado por Edison, Bell, Marconi y otros magos de la electricidad, por el cual el terreno, el espacio y el tiempo se han convertido en meras figuras, pero alguna vez te has parado a pensar que el mecanismo que tienes para transformar el Poder Potencial Omnipresente, Universal, fue concebido por alguien más grande que Edison?

Estamos habituados a examinar el mecanismo de los implementos que usamos para labrar la tierra, y tratamos de comprender el mecanismo del automóvil que manejamos, pero la mayoría de nosotros se contenta con persistir en la más absoluta ignorancia acerca del mecanismo más grande que ha existido jamás: el cerebro humano.

Inspeccionemos los fenómenos de este mecanismo. Quizá así podamos entender mejor los diversos efectos de los que es la causa.

En primer lugar, existimos, nos movemos y vivimos en un gran mundo mental. Ese mundo es omnipotente, omnisciente y omnipresente, y responde a nuestros anhelos en proporción directa a nuestro objetivo y nuestra fe. El objetivo debe estar de acuerdo con la ley de nuestro ser; es decir, debe ser creativo o constructivo. Nuestra fe debe ser lo suficientemente grande como para crear una corriente lo adecuadamente fuerte como para traer a nuestro objetivo a la expresión.

"Como sea tu fe, así te pasará" lleva el sello de la prueba científica. Los efectos que se originan en el mundo exterior son el resultado de la acción y reacción del hombre sobre lo Universal. Éste es el proceso que citamos pensamiento. El cerebro es el órgano a través del cual se ejecuta este proceso. ¡Piensa en el fenómeno de todo ello! ¿Amas la música, las flores, la literatura, o te sientes inspirado por el pensamiento de los genios antiguos o modernos? Recuerda que toda la hermosura a la que respondes debe tener su propio esbozo en tu cerebro para que puedas valorarla.

No hay ninguna virtud o principio en el almacén de la naturaleza que el cerebro no pueda enunciar. El cerebro es un mundo embrionario, preparado para desplegarse en cualquier momento, cuando surja la necesidad. Si puedes percibir que ésta es una verdad científica y una de las asombrosas leyes de la naturaleza, te resultará más fácil entender el dispositivo por el cual se pueden conseguir estos extraordinarios efectos.

LA LLAVE MAESTRA

El sistema nervioso ha sido contrapuesto con un circuito eléctrico con su batería de células en las que se produce la energía, y su materia blanca ha sido comparada con los cables incomunicados por los que se transmite la corriente. Es a través de estos conductos que cada impulso o deseo es trasladado por este mecanismo.

La médula espinal es el gran motor y senda sensorial por el que los mensajes son transferidos al cerebro y desde el cerebro. Luego está la provisión de sangre que circula por las venas y las arterias, renovando nuestra energía y nuestra fuerza, la distribución perfectamente organizada sobre la que reposa todo el cuerpo físico. Y por último, la delicada y bella piel que, recubriendo todo el mecanismo, es un manto de belleza.

Éste es, entonces, el "Templo de Dios", y al "yo" individual se le concede el control. De su conocimiento del mecanismo que está bajo su control obedecerá al resultado.

Cada pensamiento pone en actividad a las células del cerebro. Al principio, la sustancia a la que el pensamiento está encaminado no responde, pero si el pensamiento está lo justamente refinado y concentrado, la sustancia finalmente accede y se expresa a la perfección.

Esta autoridad de la mente puede ser ejercida sobre cualquier parte del cuerpo, lo que provoca la expulsión de cualquier efecto indeseable.

Una perfecta concepción y comprensión de las leyes que rigen el mundo mental posee un valor inapreciable en las transacciones de negocios, ya que despliega la capacidad de discernimiento y proporciona una compresión más clara y una valoración de los hechos.

La persona que observa en su interior en lugar de mirar al exterior no puede dejar de utilizar las poderosas fuerzas que finalmente establecerán su rumbo en la vida, haciéndola a vibrar con todo lo mejor, lo más enérgico y lo más deseable.

La atención o la concentración es seguramente el elemento esencial para el perfeccionamiento de la cultura de la mente. Las posibilidades de la atención, cuando es enviada correctamente, son tan asombrosas que el no iniciado fatigosamente las encuentra creíbles. El cultivo de la atención es la característica individual de todo hombre o mujer de éxito, y es el más enaltecido logro personal que se puede obtener.

El poder de la atención se puede entender más fácilmente si lo comparamos con una lupa en la que se reúnen los rayos del sol: mientras la lupa está en movimiento y los rayos van de un lado al otro, éstos no tienen ninguna fuerza, pero si conservamos la lupa perfectamente inmóvil y dejamos que los rayos se centralicen en un punto durante un lapso de tiempo, el efecto será inminentemente evidente.

Lo mismo pasa con el poder del pensamiento: si dejamos que se malgaste llevándolo de un objeto a otro, no habrá ningún resultado supuesto, pero si concentramos este poder a través de la atención o la concentración en un único objetivo durante un lapso de tiempo, no habrá nada que sea inadmisible.

Una solución muy simple para una situación muy compleja, dirán algunos. Muy bien, inténtalo, tú que no tienes ninguna experiencia en la concentración del pensamiento en un fin u objetivo evidente. Opta por cualquier objetivo y concentra tu atención en él para un objetivo claro durante al menos diez minutos: no podrás hacerlo, porque tu mente vagará docenas de veces y tendrás que traerla de vuelta al fin original, y cada vez el efecto se habrá perdido. Pasados los diez minutos, no habrás logrado nada, porque no habrás sido capaz de mantener el pensamiento incesablemente en el objetivo.

Sin embargo, a través de la atención posteriormente podrás superar cualquier obstáculo que surja en tu camino, y la única manera de adquirir este asombroso poder es con la práctica. La práctica concibe la perfección, en esto y en todo lo demás.

Para laborar el poder de la atención, lleva contigo una fotografía al mismo sillón, en la misma habitación, en la misma posición que en las veces anteriores. Inspecciónala detenidamente durante al menos diez minutos; puntualízate en la expresión de los ojos, en la forma del semblante, en la ropa, en la manera en que está arreglado el cabello; de hecho, fíjate detenidamente en todos los pormenores que aparezcan en la fotografía. A continuación, tápala, cierra los ojos y trata observarla mentalmente. Si eres capaz de ver cada detalle a la perfección y puedes constituirte una buena imagen mental de la fotografía, te felicito; si no es así, repite el proceso hasta que puedas hacerlo.

Este paso tiene, sencillamente, el propósito de preparar el terreno. La semana que viene estaremos capacitados para sembrar la semilla.

Con ejercicios como éste posteriormente, podrás vigilar tus estados de ánimo mentales, tu estilo y tu conciencia.

Los grandes financieros se están instruyendo a retirarse cada vez más de la multitud para poder obtener más tiempo para planear, pensar y generar los estados de ánimo mentales adecuados.

Las personas que se consagran a los negocios con éxito están manifestando constantemente el hecho de que vale la pena conservarse en contacto con el pensamiento de otras personas de negocios triunfantes.

Una sola idea puede costar millones de dólares, y las ideas sólo pueden llegar a las personas que están propensas, que están preparadas para recibirlas, que están en un estado mental de triunfo.

LA LLAVE MAESTRA

La gente está aprendiendo a estar en armonía con la Mente Universal, está aprendiendo la unión de todas las cosas, está aprendiendo los métodos e iniciaciones básicos del pensar, y esto está cambiando los sucesos y multiplicando los resultados.

Está revelando que las circunstancias y el medio ambiente siguen la tendencia del progreso mental y espiritual. Descubre que el incremento sigue al conocimiento, que la acción sigue a la iluminación, que la oportunidad sigue a la percepción. Lo espiritual siempre viene primero, y luego su metamorfosis en posibilidades infinitas e ilimitadas de éxito.

Ya que el individuo es el conducto para la diferenciación de lo Universal, estas eventualidades son, necesariamente, inagotables.

El pensamiento es el proceso por el cual podemos absorber el Espíritu del Poder y conservar el resultado en nuestra conciencia interior hasta que comience a ser parte de nuestra conciencia normal.

El procedimiento para conseguir este resultado mediante la práctica persistente de unos escasos principios fundamentales, tal como se explica en este Sistema, es la llave maestra que abre el almacén de la Verdad Universal.

Hoy por hoy, las dos grandes fuentes del sufrimiento humano son los males del cuerpo y la ansiedad mental. Podemos hallar el origen de estas cosas en la trasgresión de alguna Ley Natural. Ello se debe, sin duda, al hecho de que hasta el momento el conocimiento ha sido parcial, pero las nubes de oscuridad que se han amontonado a lo largo de los siglos están comenzando a alejarse y, con ellas, muchas de las angustias causadas por una información imperfecta.

LA LLAVE MAESTRA

Estudia las preguntas y sus respuestas:

51. ¿Cuáles son algunos de los resultados que pueden ser producidos por la electricidad?

Calor, luz, energía y música.

52. ¿De qué dependen estos resultados diversos?

Del mecanismo al que está conectada la electricidad.

53. ¿Cuál es el efecto de la acción y la interacción de la mente individual con lo Universal?

Las condiciones y las experiencias con las que nos encontramos.

54. ¿Cómo se pueden cambiar estas condiciones?

Cambiando el mecanismo mediante el cual lo Universal se diferencia tomando forma.

55. ¿Cuál es este mecanismo?

El cerebro.

56. ¿Cómo se puede cambiar?

A través del proceso que nombramos pensamiento. Los pensamientos producen células cerebrales, y estas células responden al pensamiento correspondiente en lo Universal.

57. ¿Qué precio tiene el poder de concentración?

Es el más elevado logro personal que se puede conseguir, y la característica individual de todo hombre o mujer de éxito.

58. ¿Cómo se puede obtener?

Practicando fielmente los ejercicios de este Sistema.

59. ¿Por qué es tan importante?

Porque nos dejará controlar nuestros pensamientos y, puesto que los pensamientos son las causas, las circunstancias deben ser los efectos. Si podemos vigilar la causa, también podemos vigilar el efecto.

60. ¿Qué es lo que está cambiando las circunstancias y multiplicando los resultados en el mundo objetivo?

La gente está aprendiendo los métodos básicos del pensamiento constructivo.

Capítulo VII

A lo largo de los siglos, el hombre ha creído en un poder invisible, a través *del cual y por el cual todas las cosas han sido establecidas y están siendo recreadas inagotablemente. Podemos personalizar este poder y llamarlo Dios, o podemos especular que es la esencia o el espíritu que está vigente* en todas las cosas, pero, en cualquier caso, es lo mismo.

En lo que atañe al individuo, lo objetivo, lo lógico, lo perceptible, es lo personal, aquello que puede ser distinguido por los sentidos. Está compuesto de cuerpo, cerebro y nervios. Lo subjetivo es lo espiritual, lo intangible, lo impersonal.

Lo personal es consecuente porque es una entidad individual. Lo impersonal, al ser del mismo tipo y cualidad que todos los otros entes, no es consciente de sí mismo y, por lo tanto, ha sido nombrado subconsciente.

Lo personal, o consciente, tiene el poder de la voluntad y de elección y, por lo tanto, puede instruir el discernimiento en la selección de procedimientos con los que solucionar las dificultades.

Lo impersonal, o espiritual, al ser una parte de la fuente, o ser uno *con la fuente, y ser el principio de todo poder, ineludiblemente no puede educar esa elección. Sin embargo, tiene recursos infinitos a su disposición.*

Puede producir consecuencias mediante métodos que la mente humana o individual no puede llegar a concebir, y lo hace.

Por lo tanto, observarás que puedes elegir depender de la voluntad humana, con todas sus restricciones e ideas equivocadas, o puedes usar las potencialidades de lo Infinito, haciendo uso de la mente subconsciente.

Ésta es, entonces, la explicación científica del sorprendente poder que está bajo tu intervención si lo entiendes, lo aprecias y lo reconoces.

En este capítulo se expone un método para utilizar conscientemente este poder omnipotente.

La visualización es el proceso de establecer imágenes mentales. La imagen es el molde o el modelo que te servirá como diseño a partir del cual surgirá tu futuro.

Haz que el diseño sea claro y perfecto. No tengas desconfianza, hazlo grandioso. Recuerda que nadie puede asignarte ninguna limitación, excepto tú mismo. No estás limitado en cuanto al precio o al material. Acude al Infinito para el suministro, edifícalo en tu imaginación; tendrá que estar ahí antes para que pueda brotar en cualquier otro lugar.

LA LLAVE MAESTRA

Haz que la imagen sea clara y bien definida; consérvala firme en tu mente y progresivamente, con constancia, la acercarás cada vez más a ti. Puedes ser lo que "quieras ser".

Éste es otro dato psicológico muy popular, pero desgraciadamente, leer sobre él no causará ningún resultado que puedas imaginar; ni siquiera te ayudará a crear la imagen mental, y mucho menos a traerla a la manifestación. Es preciso el trabajo, un fuerte trabajo mental; el tipo de energía que muy pocas personas están dispuestas a ejecutar.

El primer paso es la abstracción. Éste es, asimismo, el paso más importante, porque es el plano en base al cual vas a construir. Debe ser sólido, debe ser indestructible. El arquitecto, cuando planifica un edificio de treinta plantas, ha supuesto antes cada línea y cada detalle. El ingeniero, cuando tiende un puente sobre un precipicio, primero determina los requisitos de fuerza de un millón de partes particulares.

Antes de dar un solo paso, ellos observan el final. De modo que debes imaginar en tu mente lo que deseas. Estás plantando la semilla, pero antes de plantar cualquier semilla debes estar al tanto cuál va a ser la cosecha. Esto es Idealización. Si no estás convencido, entonces vuelve diariamente a tu silla hasta que la fotografía esté clara. Ésta se desarrollará progresivamente: primero el plan general será borroso, pero irá tomando forma, primero el entornos, luego los pormenores, y gradualmente desarrollarás el poder con el cual podrás expresar planes que acabarán plasmándose en el mundo objetivo. Llegarás a saber lo que el futuro te ofrece.

Después se presenta el proceso de visualización. Debes ver la imagen cada vez más perfecta, ver los detalles, y cuando éstos se comiencen a desplegar, se desarrollarán las formas y los medios para traerla a la expresión. Una cosa llevará a la otra. El pensamiento te llevará a la acción, la acción desplegará los métodos, los métodos desarrollarán amigos y los amigos establecerán las circunstancias. Finalmente, habrás realizado el tercer paso o la Manifestación.

Todos reconocemos que el Universo debe de haber sido concebido antes de que pudiera tornarse en un hecho material. Y si estamos dispuestos a seguir el modelo del Gran Arquitecto del Universo, descubriremos que nuestros pensamientos van tomando forma, de la misma manera que el universo adquirió una forma concreta. Es la misma mente que está marchando a través del individuo. No hay ninguna discrepancia de clase o de cualidad, la única diferencia está en el grado.

El arquitecto imagina su edificio; lo ve tal como quiere que sea. Su pensamiento se convierte en un modelo plástico del que acabará emergiendo el edificio, alto o bajo, bonito o simple. Su visión toma forma sobre el papel y posteriormente se utiliza el material necesario y el edificio está acabado.

LA LLAVE MAESTRA

El inventor visualiza su idea fielmente de la misma manera. Por ejemplo, Nikola Tesla, que tenía un gran intelecto, uno de los más grandiosos inventores de todos los tiempos, el hombre que produjo las más sorprendentes realidades, siempre visualizaba sus inventos antes de tratar de desarrollarlos. No se aceleraba a llevarlos a la forma y luego se proponía a corregir los defectos. Habiendo erigido primero la idea en su imaginación, la amparaba ahí como una imagen mental, para rehacerla y mejorarla con su pensamiento.

"De este modo -escribe en The Electric Experimenter- puedo desenvolver y perfeccionar rápidamente un concepto sin tocar nada.

Cuando he ido tan lejos que he asociado en el invento todas las mejoras posibles que se me ocurren, y no veo ningún error en ninguna parte, convierto el producto de mi cerebro en algo concreto.

Invariablemente, mi invento marcha tal como concebí que lo hiciera. En veinte años, no ha habido ni una sola anomalía".

Si puedes continuar conscientemente estas instrucciones, desarrollarás la Fe, el tipo de Fe que es la "Sustancia de todas las cosas deseadas, la certeza de las cosas no vistas". Desarrollarás la seguridad, el tipo de confianza que lleva a la resistencia y la bravura; desarrollarás el poder de concentración que te dejará excluir todos los pensamientos que no estén conectados con tu propósito.

La ley dice que el pensamiento se revelará en la forma, y sólo quien sepa ser el pensador divino de sus propios pensamientos podrá conquistar el lugar de un Maestro y hablar con autoridad.

La claridad y la precisión se consiguen únicamente teniendo repetidas veces la imagen en la mente. Cada acción redundada hace que la imagen sea más clara y más exacta que la preliminar, y la manifestación externa estará en simetría a la claridad y la exactitud de la imagen.

Debes edificarla firme y bien establecida en tu mundo mental, el mundo interior, para que logre tomar forma en el mundo exterior; y no puedes erigir nada de valor, ni siquiera en el mundo mental, a menos que tengas el material apropiado. Cuando tienes el material puedes construir cualquier cosa que quieras, pero debes estar seguro de él. No puedes acelerarte.

Este material será sacado a la luz por millones de silenciosos trabajadores mentales y tomará la representación de la imagen que tengas en la mente.

¡Piensa en ello! Tienes más de cinco millones de trabajadores mentales, dispuestos y en actividad: se llaman células cerebrales. Además de ésta, hay otra fuerza de reserva al menos igual en número, arreglada para ser llamada a la acción a la mínima necesidad. Tu poder de pensar es, entonces, hábilmente ilimitado, y esto quiere decir que tu poder de fundar el tipo de material que es necesario para construirte cualquier tipo de entorno que desees es fácilmente ilimitado.

Además de estos millones de trabajadores mentales, tienes miles de millones de trabajadores mentales en el organismo, cada uno de los cuales posee la inteligencia suficiente para entender cualquier mensaje o insinuación que se le dé, y actuar en consecuencia.

Lo hacen por la misma ley y de la misma forma en que toda representación de vida atrae hacia sí el material preciso para el crecimiento. El roble, la rosa, el lirio, todos requieren un establecido material para su expresión más perfecta, y se afirman de conseguirlo mediante una petición silenciosa, la Ley de Atracción, la manera más indudable de conseguir lo que requieres para tu desarrollo más perfecto.

Crea la Imagen Mental. Haz que sea clara, nítida, pulcra. Consérvala firmemente. Los caminos y los medios se desarrollarán; el suministro seguirá a la petición; serás encaminado a hacer lo correcto en el momento correcto y de la forma adecuada. El Deseo Serio producirá una Expectación Confiada y esto, a su vez, se verá fortalecido por una Petición Firme. Estas tres cosas no pueden dejar de provocar la Realización, porque el Deseo Serio es el sentimiento, la Expectación Confiada es el pensamiento y la Petición Firme es la voluntad. Y, como hemos observado, el sentimiento le da fuerza al pensamiento y la voluntad lo mantiene, sólidamente, hasta que la ley del Crecimiento lo trae a la manifestación.

¿No es sorprendente que el ser humano tenga tanto poder en su interior, unas facultades tan importantes de cuya existencia no tenían ni idea? ¿No es raro que siempre se nos haya enseñado a buscar la fuerza y el poder en el "exterior"? Nos han enseñado a hallar en todas partes, menos en el "interior", y siempre que el poder se declaraba en nuestras vidas nos decían que era algo sobrenatural.

Al parecer, muchas personas han llegado a entender este maravilloso poder y hacen un esfuerzo serio y escrupuloso por obtener la salud, el poder y otras circunstancias, pero se hunden. Por lo visto, no son competentes de poner la Ley en funcionamiento. La dificultad en prácticamente todos los casos mora en que están lidiando con cosas externas. Quieren dinero, poder, salud y abundancia, pero no se dan cuenta de que esos son los resultados y que éstos sólo pueden llegar cuando se halla la causa.

Quienes no tienen ningún cuidado con el mundo exterior buscarán únicamente aseverar la verdad y sólo buscarán la sabiduría.

LA LLAVE MAESTRA

Descubrirán que esa sabiduría se extiende y revela la fuente de todo poder, que se manifiesta en el pensamiento y en la osadía, lo cual creará las circunstancias externas deseadas. Esta verdad encontrará expresión en la mira noble y en la acción valiente.

Crea solamente ideales, no consagres ningún pensamiento a las circunstancias externas, crea un mundo interior divino y opulento, y el mundo exterior formulará y manifestará el estado que tienes en tu interior. Llegarás a ser sensato de tu poder para crear ideales y esos ideales serán programados en el mundo del efecto.

Supongamos, por ejemplo, que un hombre está empobrecido. Estará pensando interminablemente en la deuda, concentrándose en ella y, puesto que los pensamientos son causas, el resultado será que no sólo hará que la deuda siga estando, sino que además creará más deudas. Esta persona está colocando en funcionamiento la Ley de Atracción con el efecto habitual e inevitable: que la pérdida lleva a una mayor "pérdida".

¿Cuál es, entonces, el principio correcto? Centralízate en las cosas que quieres, no en las cosas que no deseas. Piensa en la abundancia; idealiza los métodos y los propósitos para poner el funcionamiento la Ley de Abundancia. Visualiza el estado creado por la Ley de Abundancia: el resultado será la expresión.

Si la ley funciona a la perfección para instaurar pobreza, carencias y todas las formas de restricción para las personas que están teniendo continuamente pensamientos de falta y miedo, funcionará también con la misma certeza para causar las condiciones de abundancia y riqueza para aquellas personas que tengan pensamientos de coraje y poder.

Se trata de un problema dificultoso para muchos. Estamos demasiado ansiosos; manifestamos angustia, miedo, aflicción; queremos hacer algo; queremos auxiliar; somos como un niño que acaba de plantar una semilla y revuelve la tierra cada quince minutos para ver si está creciendo. Ciertamente, en esos casos, la semilla nunca germinará y, sin embargo, eso es lo que muchos de nosotros hacemos en el mundo mental.

Debemos que plantar la semilla y no fastidiarla. Esto no quiere decir que tengamos que asentarnos y no hacer nada, en absoluto: trabajaremos más y mejor que nunca, se nos suministrará continuamente nuevos conductos y se nos abrirán nuevas puertas. Lo único preciso es tener una mente abierta y estar dispuestos a actuar cuando llegue el momento.

La fuerza del pensamiento es el medio más eficaz para obtener conocimientos, y si se concentra en cualquier tema solucionará el problema. Nada está fuera del alcance del poder del entendimiento humano, pero para usar la fuerza del pensamiento y hacer que haga lo que tú le decretes hay que trabajar. Recuerda que el pensamiento es el fuego que crea el vapor que hace rodar la rueda de la fortuna, de la cual dependen tus experiencias. Hazte algunas preguntas y luego espera respetuosamente la respuesta. ¿Acaso no sientes de vez en cuando que el "yo" está contigo? ¿Aseveras tu "yo" o sigues a la masa? Recuerda que las mayorías siempre son llevadas; jamás conducen. Fue la mayoría la que peleó, con uñas y dientes, contra la máquina de vapor, el telar eléctrico y todos los demás adelantos o mejoras que se presentaron.

Para tu ejercicio de esta semana, imagina a un amigo (o amiga). Imagínalo fielmente como lo viste la última vez, visualiza la habitación, recuerda la plática. Luego visualiza su rostro, viéndolo patentemente. Háblale sobre algún tema de interés mutuo; observa cómo cambia su expresión, observa cómo sonríe. ¿Puedes hacerlo? Muy bien, sí puedes. Entonces, despabila su interés, cuéntale la historia de un episodio, observa cómo se ilumina su mirada con el espíritu de la diversión o la conmoción. ¿Puedes hacer todo esto? Si es así, tu imaginación es buena, estás ejecutando un progreso excelente.

LA LLAVE MAESTRA

Estudia las preguntas y sus respuestas:

6 1. ¿Qué es la visualización?

El proceso de crear imágenes mentales.

62. ¿Cuál es el efecto de este método de pensamiento?

Manteniendo la imagen en la mente, podemos aproximar las cosas a nosotros de una forma gradual. Podemos ser lo que deseamos ser.

63. ¿Qué es la Idealización?

Es un proceso de visualizar o idealizar los planes que acabarán materializándose en nuestro mundo objetivo.

64. ¿Por qué son precisas la claridad y la exactitud?

Porque "ver" crea "sentimiento" y el "sentimiento" crea "ser". Primero lo mental, luego lo emocional y finalmente las posibilidades inmensas de triunfo.

65. ¿Cómo se logran?

Cada acción repetida hace que la imagen sea más exacta que la anterior.

66. ¿Cómo se consigue el material para la edificación de tu imagen mental?

Mediante millones de trabajadores mentales llamados células cerebrales.

67. ¿Cómo se obtienen las condiciones necesarias para producir la materialización de tu ideal en el mundo objetivo?

Mediante la Ley de Atracción. La ley natural por la cual se crean todas las circunstancias y experiencias.

68. ¿Cuáles son los tres pasos necesarios para poner esta ley en funcionamiento?

Deseo Serio, Expectación Confiada, Petición Firme.

69. ¿Por qué muchas personas se hunden?

Porque se concentran en la pérdida, en la enfermedad y en el hundimiento. La ley está funcionando a la perfección: las cosas que temen se les están presentando.

70. ¿Cuál es la alternativa?

Concentrarte en los ideales que deseas ver mostrados en tu vida.

LA LLAVE MAESTRA

Capítulo VIII

En este capítulo verás que puedes optar libremente lo que piensas, pero el efecto de tus pensamientos está gobernado por una ley inmutable.

¿No es asombroso este pensamiento? ¿No es maravilloso saber que nuestras vidas no están a merced de cualquier tipo de capricho o inestabilidad? Están regidas por la ley Esta estabilidad es nuestra oportunidad, porque al concordarnos a la ley podemos asegurarnos el efecto deseado con una precisión inalterable. Es la que hace que el Universo sea una admirable obra de armonía. De no ser por esta ley, el Universo sería un desconcierto en lugar de un Cosmos.

Éste es, entonces, el secreto del comienzo del bien y del mal. Aquí está todo el bien y el mal que han existido o existirán jamás.

Deja que me explique. El pensamiento tiene como derivación la acción: si tu pensamiento es constructivo y armonioso, el resultado será positivo; si tu pensamiento es destructivo o poco armonioso, el resultado será negativo.

Por lo tanto, hay una sola ley, un principio, una partida y una Fuente de Poder. El bien y el mal son sencillamente palabras que han sido mecidas para indicar la secuela de nuestros actos, o si nos adaptamos o no a esta ley El valor de esto está bien ilustrado en Las Vidas de Emerson y Carble. Emerson quería el bien y su vida era una sinfonía de paz y armonía, mientras que Carble, odiaba el mal, y su vida era un récord de eterna discordia y desarmonía.

Aquí tenemos a dos grandiosos hombres, cada uno de ellos preparado para Lograr el mismo ideal, pero uno utiliza el pensamiento constructivo y, por lo tanto, está en armonía con la Ley Natural, mientras que el otro utiliza el pensamiento destructivo y, por lo tanto, atrae todo tipo clase de discordias.

Por lo tanto, es indudable que no debemos odiar nada, ni siquiera el «mal», porque el odio es destructivo, y no tardaremos en revelar que al tener pensamientos destructivos estamos diseminando el "viento" y terminaremos recolectando el "torbellino".

El pensamiento tiene un principio vital, porque es el Principio Creador del Universo y, por su naturaleza, se ajustará con otros pensamientos similares.

Puesto que la única intención de la vida es el crecimiento, todos los principios que subyacen a la vida deben ayudar a su funcionamiento. Por lo tanto, el pensamiento toma forma y, tarde o temprano, la ley del crecimiento lo trae a la expresión. Puedes optar libremente lo que piensas, pero el efecto de tus pensamientos está regido por una ley inmutable. Cualquier línea de pensamiento en la que se insista no podrá dejar de originar resultados en el carácter, la salud y los acontecimientos de la persona. Por lo tanto, los métodos con los que podemos suplir con hábitos de pensamiento constructivo los pensamientos que ocasionan únicamente efectos indeseables tienen una importancia fundamental.

Todos sabemos que esto no es sencillo, en absoluto. Los hábitos mentales son dificultosos de controlar, pero se puede lograr. La manera de hacerlo es comenzar inmediatamente a sustituir los pensamientos destructivos con pensamientos constructivos. Alcanza el hábito de analizar cada pensamiento. Si es preciso, si su manifestación en lo objetivo será provechosa, no sólo para ti sino para todas las personas a las que podría impresionar de alguna forma, mantenlo, atesóralo: es valioso; está en armonía con el Infinito; crecerá, se desarrollará y originará frutos cien veces. Por otro lado, harías bien en tener vigente esta cita de George Matthews Adams: "Aprende a mantener la puerta cerrada, a mantener fuera de tu mente, fuera de tu oficina y fuera de tu mundo a todos los elementos que quieren ser admitidos sin tener en vistas ninguna finalidad útil clara".

Si tu pensamiento ha sido crítico o destructivo y ha elaborado cualquier estado de discordia o desarmonía en tu medio ambiente, quizá sería imperioso que cultivaras una actitud mental que te transporte a un pensamiento constructivo.

Descubrirás que la imaginación es de gran ayuda para conseguirlo. El cultivo de la imaginación lleva al perfeccionamiento del ideal del que surgirá tu futuro.

La imaginación congrega el material con el cual la Mente teje la tela con la que se envolverá tu futuro.

La imaginación es la luz con la que podemos comprender nuevos mundos de pensamiento y de práctica.

La imaginación es el poderoso utensilio con el cual todo explorador, todo inventor, ha abierto camino desde el antecedente hasta la experiencia. El antecedente dijo: "Eso no se puede hacer"; la experiencia dijo: "Ya se ha hecho".

La imaginación es un poder plástico que crea las cosas de la sensación, transformándolas en representaciones e ideales.

La imaginación es la forma constructiva del pensamiento que debe anteceder a cada forma constructiva de acción.

Un constructor no puede cimentar ningún tipo de estructura sin antes recibir los planos del arquitecto, y el arquitecto debe conseguirlos de su imaginación.

Un magnate no puede construir una empresa formidable capaz de coordinar a cientos de pequeñas empresas y miles de trabajadores, y usar millones de dólares de capital, si antes no ha elaborado todo ese trabajo en su imaginación. Los objetos en el mundo material son como greda en las manos del alfarero. Es en la Mente Maestra donde se construyen las cosas reales, y es con el uso de la imaginación como se hace el trabajo. Para cultivar la imaginación hay que adiestrarla.

El ejercicio es preciso para cultivar el músculo mental, así como los demás músculos. Hay que nutrir la imaginación o, de lo contrario, no podrá desarrollarse.

No embrolles Imaginación con Fantasía, o con esa forma de soñar despierto a la que se consagran algunas personas. Soñar despierto es una manera de derroche mental que puede llevar al desastre mental.

Imaginación constructiva simboliza trabajo mental, algo que muchos consideran que es el tipo de trabajo más arduo. Aunque así fuera, suministra grandes recompensas, porque a los hombres y mujeres que tienen la capacidad de pensar, de conjeturar y de hacer realidad sus sueños, les llegan todas las grandes cosas en la vida.

Cuando seas totalmente consciente de que la Mente es el único principio creador, de que es Omnipotente, Omnisciente y Omnipresente, y de que puedes situarte conscientemente en armonía con esa Omnipotencia mediante el poder del pensamiento, habrás alcanzado un gran paso en la orientación correcta.

El siguiente paso reside en colocarte en posición de recibir este poder. Puesto que es Omnipresente, debe estar adentro de ti.

Sabemos que es así porque todo poder procede del interior, aunque debe ser desenvuelto, desplegado, cultivado. Para hacerlo debemos estar propensos, y esa receptividad se logra de la misma manera en que se adquiere la fuerza física: adiestrándola.

La ley de atracción te traerá, con seguridad y ciertamente, las circunstancias, el ambiente y las experiencias en la vida que se atañen con tu actitud mental diaria, característica y sobresaliente.

No con lo que piensas de vez en cuando, cuando estás en cualquier lugar o cuando acabas de leer un buen libro, sino con tu actitud mental predominante, que es lo importante.

No puedes tener pensamientos de debilidad, perjudiciales, negativos, durante diez horas al día y esperar crear ocurrencias bellas, fuertes y agradables con diez minutos de pensamientos fuertes, efectivos y creativos.

El verdadero poder emana del interior. Todo el poder que cualquiera pueda llegar a usar está dentro del ser humano, esperando a que él lo haga perceptible reconociéndolo primero y luego armándolo como propio, llevándolo a su consciente hasta que sea uno con él.

LA LLAVE MAESTRA

La gente dice que quiere una vida exuberante, y es cierto, pero muchos descifran que esto significa que si preparan sus músculos o respiran científicamente, si comen ciertos alimentos de establecidas maneras, si beben tantos vasos de agua al día a una decretada temperatura y si obvian las corrientes de aire, tendrán la vida abundante que quieren. El resultado de este tipo de procedimientos sólo es mediocre. Sin embargo, cuando la persona despabila a la verdad y asevera su apertura a toda la Vida, descubre que se le otorga la visión clara, el paso rápido, el ánimo de la juventud; se da cuenta de que ha descubierto la fuente de todo poder.

Todos los errores no son más que fruto de la ignorancia. La ganancia de conocimiento y el consecuente poder es lo que establece el desarrollo y la evolución. El reconocimiento y la demostración del conocimiento son lo que compone el poder, y ese poder es poder espiritual, y ese poder espiritual es el poder que se halla en el corazón de todas las entidades: es el alma del universo. Este conocimiento es el efecto de la capacidad de pensar del ser humano. El pensamiento es, por lo tanto, el origen de la evolución consciente del hombre. Cuando una persona deja de prosperar en sus pensamientos e ideales, sus fuerzas comienzan a disminuir y su semblante registra progresivamente estas condiciones cambiantes.

Las personas de éxito se confían de tener ideales de las condiciones que quieren realizar. Tienen siempre presente el consiguiente paso necesario para progresar hacia el ideal por el que están luchando. Los pensamientos son los materiales con los que edifican y la imaginación es su taller mental. La mente es la fuerza, constantemente en movimiento, con la que logran a las personas y las circunstancias necesarias para erigir la estructura de su éxito, y la imaginación es la central en la que se inventan todas las grandes cosas.

Si has sido fiel a tu ideal, escucharás el llamado cuando las circunstancias estén dispuestas para materializar tus planes y las consecuencias se corresponderán, de una manera fielmente proporcional, con tu fidelidad a tu ideal. El ideal sólidamente mantenido es lo que establece y atrae las condiciones precisas para su ejecución.

Es así como puedes entretejer un traje de espíritu y de poner en el tejido de toda tu existencia; es así como consigues llevar una vida encantada y estar siempre cuidado de todo mal; es así como puedes tornarte en una fuerza positiva, por la cual podrás atraer estados de abundancia y conformidad.

Ésta es la levadura que está comprendiendo gradualmente en la conciencia general y, en gran parte, es cumplidor de los estados de inquietud que son ciertos en todas partes.

En el último capítulo fundaste una imagen mental, la llevaste de lo invisible a lo visible. Esta semana quiero que agarres un objeto, lo sigas hasta su comienzo y veas de qué está compuesto realmente. Si lo haces, desplegarás la imaginación, la agudeza, la percepción y la perspicacia.

Estas cosas no llegan con la observación frívola de la multitud, sino a través de una observación metódica profunda que ve por debajo de la superficie.

Son pocos los que conocen las cosas que ven son sólo efectos y los que entienden las causas por las que se motivan esos efectos. Adopta la misma actitud que las veces anteriores e imagina un acorazado; observa a ese monstruo nadando sobre la superficie del agua. Parece como si no existiera vida por ninguna parte; todo está en silencio. Sabes que, de lejos, la parte más grande del barco está debajo del agua; no está evidente. Sabes que el barco es tan grande y tan cargado como un rascacielos de veinte pisos; sabes que hay cientos de hombres dispuestos para lanzase seguidamente a la tarea que se les ha asignado; sabes que cada componente está a cargo de oficiales competentes, entrenados, expertos, que han manifestado ser competentes para hacerse cargo de este asombroso mecanismo. Sabes que, aunque supuestamente no es consciente de todo lo demás, tiene ojos que lo observan todo a millas de distancia y que no está autorizado que nada escape a su mirada alerta. Sabes que, aunque parece sereno, sumiso e inocente, está apto para lanzar un proyectil de acero que pesa miles de kilos contra un contrario que está a miles de millas de distancia.

Puedes obtener esto y mucho más en tu mente, fácilmente sin ningún esfuerzo. Pero ¿cómo llegó el acorazado al lugar donde está?, ¿cómo llegó a existir? Si eres un espectador cuidadoso, querrás saber todo esto.

Sigue las enormes planchas de acero por la fundición; imagina a los miles de hombres empleados en su elaboración; ve más allá y concibe el mineral saliendo de la mina. Encúmbrate todavía más atrás y visualiza al arquitecto y a los ingenieros que trazaron el barco. Deja que el pensamiento te transporte más lejos todavía para establecer por qué lo diseñaron. Verás que ahora estás tan lejos que el barco te parece algo impalpable: ya no existe, ahora es sólo una reflexión que está en el cerebro del arquitecto, pero ¿de dónde vino la ordenanza de diseñar el barco? Tal vez del Ministerio de Defensa. Probablemente esta nave fue diseñada mucho antes de que se especulara siquiera en la guerra y el Congreso tuvo que pasar un proyecto de ley para determinar el dinero. Virtualmente hubo impedimento y discursos a favor y en contra del proyecto. ¿A quiénes simbolizan esos congresistas? Nos simbolizan a ti y a mí, de modo que nuestro perfil de pensamiento comienza en el acorazado y termina en nosotros. En el último estudio, vemos que nuestro pensamiento es responsable de esto y de muchas otras cosas en las que casi nunca recapacitamos. Una reflexión más intensa desdoblará el hecho más importante de todos, y es que si alguien no hubiera desenmascarado la ley por la cual se ha podido conseguir que esta gran masa de acero y hierro nade en el agua, en lugar de irse derechamente al fondo, el acorazado no habría alcanzado a existir.

Esta ley expresa que "la gravedad específica de cualquier sustancia es el peso de cualquier volumen de ella, comparado con un volumen equivalente de agua". El revelamiento de esta ley sublevó todas las clases de viajes por mar, y también el negocio y la guerra, e hizo viable la existencia del acorazado, los portaaviones y los barcos de crucero. Descubrirás que este ejemplo de ejercicios tiene un valor inmenso.

Cuando el pensamiento ha sido adiestrado para echar un vistazo por debajo de la superficie, todo alcanza una apariencia distinta: lo intrascendente se torna importante, lo poco interesante se vuelve importante. Vemos que las cosas que presumíamos que no tenían ningún valor son en verdad las únicas cosas importantes que existen.

LA LLAVE MAESTRA

Estudia las preguntas y sus respuestas:

71. ¿Qué es la imaginación?

Es una manera de pensamiento constructivo. Es la luz con la que comprendemos en nuevos mundos de pensamiento y experiencia, el poderoso instrumento con el que todo inventor o descubridor ha abierto el camino desde el antecedente hasta la experiencia.

72. ¿Cuál es el efecto de la imaginación?

El cultivo de la imaginación lleva al desarrollo del ideal del que emergerá tu futuro.

73. ¿Cómo se puede cultivar la imaginación?

Mediante el ejercicio. Debe ser alimentada o, de lo contrario, no podrá sobrevivir.

74. ¿Cómo se contrasta la imaginación del soñar despierto?

El soñar despierto es una manera de derroche mental, mientras que la imaginación es una forma de pensamiento constructivo que debe anteceder a toda acción constructiva.

75. ¿Qué son los errores?

Son el efecto de la ignorancia.

76. ¿Qué es el conocimiento?

Es el resultado de la manera de pensar del ser humano.

77. ¿Cuál es el poder con el que las personas de éxito erigen?

La mente es la fuerza en movimiento con la que estas personas consiguen a la gente y las circunstancias precisas para llevar a término sus planes.

78. ¿Qué predetermina el resultado?

El ideal sostenido firmemente en la mente atrae las condiciones necesarias para su ejecución.

79 ¿Cuál es la consecuencia de una observación analítica profunda?

El perfeccionamiento de la imaginación, la comprensión, la percepción y la perspicacia.

80. ¿A qué nos llevan estas cosas?

A la abundancia y la armonía.

Capítulo IX

En este segmento podrás aprender a diseñar los instrumentos con las que logras crear para ti cualquier situación que desees. Si deseas cambiar las circunstancias debes cambiarte a ti mismo. Tus deseos, tus aspiraciones, tus fantasías, tus anhelos, pueden verse malogrados a cada paso, pero tus pensamientos más personales encontrarán expresión con la misma convicción con que una planta brota de la semilla.

Supón, entonces, que queremos cambiar las circunstancias. ¿Cómo lo haremos? La respuesta es sencilla: a través de la ley del crecimiento. Causa y efecto son tan incondicionales y directos en el mundo oculto del pensamiento como en el mundo de los objetos materiales.

Conserva en tu mente la condición que quieres; afírmala como si ya fuera un hecho existente. Esto muestra el valor de una afirmación poderosa.

Mediante la reproducción constante se convierte en parte de nosotros. En Verdad nos estamos cambiando a nosotros mismos; estamos convirtiéndonos en lo que queremos ser.

El carácter no es algo casual, sino que es el resultado de un esfuerzo continuo. Si eres tímido, indeciso, inseguro, o si estás excesivamente angustiado o agobiado por pensamientos de temor o de un peligro amenazador, recuerda que es indiscutible que "dos cosas no pueden coexistir en el mismo lugar al mismo tiempo".

Exactamente lo mismo se emplea en el mundo mental y espiritual, de modo que tu remedio consiste meramente en reemplazar los pensamientos de miedo, carencia y restricción con pensamientos de valentía, poder, convicción en ti mismo y confianza.

La manera más fácil y más natural de hacer esto es optar por una afirmación que parezca conectarse con tu caso particular.

Los pensamientos positivos demolerán a los negativos con la misma certeza con que la luz destruye a la oscuridad, y los efectos serán igualmente efectivos.

El acto es la flor del pensamiento, y los acontecimientos son el resultado de la acción, de manera que tienes continuamente en tu posesión las herramientas con las que indudablemente y deforma inevitable te harás o te desharás a ti mismo. La alegría o el desconsuelo serán tu recompensa.

Solamente hay tres cosas que se puede querer en el "mundo exterior", y cada una de ellas la podemos hallar en el "mundo interior". El secreto para hacerlo es, sencillamente, aplicar el "mecanismo" apropiado de unión con el poder superior al que toda persona tiene paso.

Las tres cosas que toda la humanidad quiere y que son precisas para su expresión más enaltecida y su desarrollo completo son: Salud, Riqueza y Amor. Todos aceptaremos que la Salud es absolutamente esencial; nadie consigue ser feliz si el cuerpo físico siente dolor. No todos admitirán tan sencillamente que la Riqueza es necesaria, pero todos deben reconocer que, al menos, es ineludible una provisión suficiente, y lo que para uno es bastante, para otro podría ser una carencia absoluta y dolorosa. Puesto que la Naturaleza nos provee, no sólo sobradamente, sino también con abundancia, nos damos cuenta de que cualquier falta o limitación sólo se debe a un método de repartición artificial.

Seguramente, todos reconocerán que el Amor es la tercera cosa deseada, o quizá algunos digan que es el primer mecanismo esencial para la felicidad de la humanidad. En cualquier caso, quienes tienen las tres cosas -Salud, Riqueza y Amor- no hallan nada más que agregar a su copa de felicidad.

Hemos descubierto que la sustancia Universal es Toda Salud, Toda Riqueza y Toda Amor, y que el dispositivo de unión con el que podemos enlazar conscientemente con esta despensa Infinita está en nuestro método de pensamiento. Por lo tanto, pensar correctamente es ingresar en el "Lugar Secreto de lo Más Alto".

¿Qué tenemos que pensar? Si lo sabemos, habremos hallado el mecanismo de unión apropiado que nos atañerá con cualquier cosa que queramos. Es posible que este mecanismo te resulte muy sencillo cuando te lo exponga, pero sigue leyendo. Descubrirás que en verdad es "La Llave Maestra", la "Lámpara de Aladino", por así explicarlo. Descubrirás que es la base, la condición imperativa, la ley absoluta del bien hacer, que simboliza bienestar.

Para pensar correctamente, con precisión, debemos conocer la "Verdad". La verdad, entonces, es el principio profundo en toda relación de negocios o social. Es una posición precedente para toda acción correcta. Saber la verdad, estar seguro, tener confianza, suministra una satisfacción que no se puede contrastar con nada; es el único terreno sólido en un mundo de dudas, aprietos y peligros.

Conocer la Verdad es estar en fraternidad con el poder Infinito y Omnipotente. Conocer la Verdad es, por lo tanto, enlazar con un poder que es irresistible y que concluirá con cualquier tipo de discordia, desarmonía, vacilación u error porque "la Verdad es poderosa y prevalecerá".

El intelecto más sumiso puede predecir fácilmente el resultado de cualquier trabajo cuando sabe que se basa en la verdad, pero el intelecto más poderoso, la mente más recóndita y penetrante se disipa completamente y no puede constituirse ningún concepto de los resultados que pueden ocurrir cuando sus expectaciones se basan en una premisa que sabe que es inexistente.

Cada acto que no está en concordia con la Verdad, ya sea por ignorancia o intencionalmente, tendrá como secuela la discordia y la consiguiente pérdida de simetría a su medida y su carácter.

¿Cómo podemos, entonces, conocer la verdad para enlazar con este mecanismo que nos relacionará con el Infinito?

No podemos equivocarnos si nos damos cuenta de que la verdad es el principio esencial de la Mente Universal y que es Omnipresente. Por ejemplo, si requieres salud, el hecho de darte cuenta de que el "yo" que habita en ti es espiritual y que todo espíritu es uno, que dondequiera que esté una porción estará el todo, te facilitará un estado de salud, porque cada célula del cuerpo debe revelar la verdad tal como tú la ves. Si adviertes enfermedad, ellas mostrarán enfermedad; si observas perfección, ellas deberán manifestar la perfección. La afirmación: Yo estoy sano, soy perfecto, enérgico, poderoso, cariñoso, armonioso y feliz, originará circunstancias armoniosas. La razón de esto es que la aseveración está estrictamente de acuerdo con la Verdad, y cuando la verdad sale, todas las formas de falta o discordia deben, necesariamente, esfumarse.

Has descubierto que el "yo" es espiritual; entonces, ineludiblemente, no puede ser menos que perfecto. La afirmación "Yo estoy sano, soy perfecto, enérgico, poderoso, cariñoso, armonioso y feliz" es, por ende, una aseveración científica exacta.

El pensamiento es una actividad espiritual y el espíritu es creativo; por ende, el resultado de conservar este pensamiento en la mente debe provocar, necesariamente, sucesos que estén en armonía con el pensamiento.

Si requieres Salud, darte cuenta del hecho de que el "yo" en ti es uno con la Mente Universal, que es toda sustancia y es Omnipotente, te auxiliará a poner en marcha la ley de atracción, la cual te ubicará en la misma vibración de las fuerzas que logran el éxito y promueven estados de poder y riqueza, en simetría directa con el carácter y el objetivo de tu afirmación.

La visualización es el mecanismo de la unión que necesitas. Visualizar es un proceso muy diferente al de ver. Ver es un proceso físico y, por lo tanto, es afín con el mundo objetivo, el mundo "exterior" pero la Visualización es un fruto de la imaginación y, por lo tanto, es un fruto de la mente subjetiva, del "mundo interior".

Lo que uno visualiza se revela en la forma. El mecanismo es perfecto; fue elaborado por el Arquitecto Maestro que "hace todas las cosas bien". Desdichadamente, a veces la persona es inepta o ineficaz, pero la práctica y la osadía acabarán con este defecto.

LA LLAVE MAESTRA

Si necesitas Amor, trata de darte cuenta de que la única forma de conseguirlo es proporcionándolo, de que cuanto más des más recibirás, y la única forma en que puedes darlo es colmándote de él hasta que te conviertas en un imán. Este método se expone en otra lección.

La persona que ha aprendido a poner las más grandiosas verdades espirituales en inmediación con las llamadas cosas menores de la vida ha descubierto el secreto de la salida a su problema. Está siempre más viva, se vuelve más razonada, por su cercanía de acercamiento a las grandes ideas, a los grandes sucesos, a los grandes objetos naturales y a las grandes almas. Dicen que Lincoln generaba en todos los que se acercaban a él el sentimiento que sale cuando uno se acerca a una montaña. Esta sensación se hace más penetrante cuando uno se da cuenta que ha recibido cosas que son eternas: el poder de la Verdad.

A veces es una iluminación oír hablar de alguien que ha puesto a prueba estos principios, alguien que los ha manifestado en su propia vida. Una carta de Frederick Andrews brinda la siguiente reflexión: "Yo tenía unos trece años cuando el doctor T. W. Marsee, ya difunto, le dijo a mi madre: "No hay ninguna chance, señora Andrews".

Yo perdí a mi hijo chiquito de la misma forma, después de haber hecho todo lo viable por él. He ejecutado un estudio especial de estos casos y sé que no hay ninguna posibilidad de que se alivie.

Ella se tornó hacia él y le dijo: "Doctor, ¿qué haría usted si hiere a su hijo?" a, lo que él contestó: "Combatiría, combatiría mientras hubiera un aliento de vida por el que combatir".

Este fue el principio de una larga cruzada, con muchos cambios. Todos los médicos estaban de acuerdo en que no había ninguna Forma de curación, aunque nos suministraban aliento y nos alentaban lo mejor que podían.

Pero al final llegó el triunfo, y yo crecí, dejando de ser un pequeño paralítico, inclinado, doblado, que caminaba a cuatro patas, para convertirme en un hombre enérgico, erguido y bien constituido. Ahora bien, sé que pretenderás que te facilite una fórmula, de modo que lo haré de la manera más breve y expedita posible.

Creé una aseveración para mí, tomando las condiciones que más necesitaba y aseverando para mí una y otra vez: "Estoy sano, soy perfecto, enérgico, poderoso, cariñoso, armonioso y feliz". Conservé esta afirmación siempre igual, sin cambiarla jamás, hasta que pude moverme por las noches y encontrarme repitiendo: "Estoy sano, soy perfecto, enérgico, poderoso, cariñoso, armonioso y feliz".

Era lo último que salía de mi boca por las noches y lo primero por las mañanas.

LA LLAVE MAESTRA

No sólo aseveraba esto para mí mismo, sino también para las otras personas que yo sabía que lo precisaban. Quiero enfatizar este punto. Cualquier cosa que quieras para ti, afírmalo para otros, y los ayudará a ambos. Cosechamos lo que sembramos. Si expresamos pensamientos de amor y salud, éstos retornan a nosotros como pan lanzado a las aguas; pero si expresamos pensamientos de miedo, inquietud, celos, rabia, odio, etc., acumularemos esos resultados en nuestras propias vidas.

Antes se decía que el ser humano se ha rehecho totalmente cada siete años, pero ahora algunos científicos exponen que nos construimos a nosotros mismos plenamente cada once meses.

De manera que en verdad sólo tenemos once meses de edad. Si volvemos a crear los mismos vicios en nuestros cuerpos años tras año, no podemos inculpar a nadie, excepto a nosotros mismos.

El ser humano es la adición de sus propios pensamientos; entonces, la pregunta es: ¿cómo vamos a hacer para poseer sólo buenos pensamientos y refutar los malos? Al principio, no podremos impedir que los malos pensamientos lleguen, pero podemos evitar conservarlos.

La única forma de hacerlo es relegándolos, lo cual significa Sacar algo de ellos. Aquí es donde entra en juego la afirmación hecha a medida.

Cuando se venga un pensamiento de furia, celos, miedo o preocupación, simplemente comienza a poner en marcha tu aseveración.

La forma de luchar contra la oscuridad es con la luz; la Forma de luchar contra el frío es con el calor; la manera de dominar a todo mal es con el bien. Yo nunca he hallado ninguna ayuda en las negaciones. Asevera lo bueno y lo malo desaparecerá.

Si necesitas algo, harías bien en hacer uso de esta aseveración, que no puede ser mejorada. Úsala tal como es; trasládatela contigo al silencio, hasta que entre en tu subconsciente, para que puedas utilizarla en cualquier parte: en tu coche, en la oficina, en casa. Ésta es la superioridad de los métodos espirituales; siempre logramos disponer de ellos.

El espíritu es omnipresente; está siempre dispuesto. Lo único que se requiere es un reconocimiento apropiado de su omnipotencia y la disposición o el deseo de recibir sus efectos provechosos. Si nuestra actitud mental predominante es de poder, arrojo, compasión y comprensión, descubriremos que nuestro entorno refutará circunstancias de acuerdo con estos pensamientos; si es endeble, crítica, envidiosa y destructora, descubriremos que nuestro entorno irradia circunstancias que se atañen con esos pensamientos.

LA LLAVE MAESTRA

Los pensamientos son causas y las circunstancias son efectos. Ahí se halla la definición del origen tanto del bien como del mal.

El pensamiento es creativo e, inconscientemente, se correlacionará con su objeto. Ésta es una ley Cosmológica (una ley universal), la ley de Atracción, la ley de Causa y Efecto. El reconocimiento y la utilización de esta ley establecerán el principio y el final. Es la ley por la cual, en todos los siglos y en todas las épocas, la gente ha creído en el poder del rezo. "Como sea tu fe, así te ocurrirá", es sencillamente otra forma, más corta y mejor, de expresarlo.

Esta semana, imagina una planta. Elige una flor, la que más te guste, y llévala de lo impalpable a lo perceptible. Planta una diminuta semilla, riégala, atiéndela, ponla en un terreno en el que reciba los rayos directos del sol matutino e imagina cómo se abre la semilla. Ahora es un ser vivaz, algo que tiene vida y comienza a buscar un medio de sustento.

Imagina cómo las raíces entran en la tierra, observa cómo se desarrollan en todas las direcciones y acuérdate de que son células vivas que están dividiéndose y subdividiéndose, y que pronto serán millones. Cada célula es perspicaz, sabe lo que desea y cómo lograrlo. Imagina el tallo saliendo y progresando; mira cómo brota a través de la superficie de la tierra, cómo se fracciona y forma ramas, con cuánta delicadeza y simetría se forma cada rama. Mira cómo se empiezan a formar las hojas, y luego los diminutos cabillos, cada uno sujetando en lo alto un capullo. Mientras ves esto, observas cómo el capullo comienza a desplegase y tu flor favorita se hace perceptible. Y ahora, si te concentras bien, descubrirás una fragancia: es el aroma de la flor mientras la brisa acuna suavemente la hermosa creación que has imaginado.

Cuando estés capacitado para hacer que tu visión sea clara y completa, podrás ingresar en el espíritu de una cosa; será algo muy real para ti; estarás aprendiendo a concentrarte. Y el proceso es idéntico, tanto si te estás concentrando en la salud, en tu flor favorita, en un objetivo, en una embrollada propuesta de negocios o en cualquier otro inconveniente de la vida.

Todo éxito se ha logrado mediante una concentración perseverante en el objetivo en vistas.

LA LLAVE MAESTRA

Estudia las preguntas y sus respuestas:

81. ¿Cuál es la situación imperativa de todo bienestar?

El bien-hacer.

82. ¿Cuál es la posición que precede a cada acción correcta?

Pensar correctamente.

83. ¿Cuál es la condición subyacente precisa en toda transacción de negocios o relación social?

Conocer la Verdad.

84. ¿Cuál es el efecto del conocimiento de la Verdad?

Podemos predecir fácilmente el resultado de cualquier acción que se base en una proposición verdadera.

85. ¿Cuál es el resultado de cualquier acción basada en indicios falsos?

No nos podemos hacer ninguna idea de las secuelas que pueden sobrevenir.

86. ¿Cómo podemos conocer la Verdad?

Dándonos cuenta del hecho de que la Verdad es el principio fundamental del Universo y, por lo tanto, es Omnipresente.

87. ¿Cuál es la naturaleza de la Verdad?

Es espiritual.

88. ¿Cuál es el secreto para la salida de todo problema?

Aplicar la Verdad espiritual.

89. ¿Cuál es la superioridad de los métodos espirituales?

Que siempre están disponibles.

90. ¿Cuáles son los requerimientos necesarios?

Un reconocimiento de la omnipotencia del poder espiritual y un deseo de recibir sus efectos beneficiosos.

Capítulo X

Si entiendes plenamente el pensamiento contenido en el Capítulo Diez, habrás aprendido que nada pasa sin una causa clara. Podrás expresar tus planes de acuerdo con el conocimiento exacto. Sabrás cómo controlar cualquier contexto poniendo en juego las causas apropiadas.

Cuando ganes -porque lo harás- sabrás puntualmente por qué.

La persona corriente, que no posee un conocimiento claro de causa y efecto, está regido por sus sentimientos o sus emociones.

Piensa principalmente en evidenciar sus actos. Si le va mal en los negocios, explica que la suerte está en su contra. Si no le agrada la música, dice que ésta es un lujo muy costoso. Si es una empleada pobre, dice que podría tener más éxito en una labor al aire libre. Si no tiene amigos, dice que su personalidad es demasiado especial para ser valorada.

Nunca piensa en su dificultad hasta el final. En pocas palabras, no sabe que cada hecho es el resultado de una establecida causa clara, sino que intenta reanimarse con explicaciones y excusas. Sólo piensa en la protección de sí misma.

Por el contrario, la persona que entiende que no hay ningún efecto sin una causa apropiada, piensa de una manera impersonal, a lo esencial de los hechos, autónomamente de las consecuencias. Es libre para seguir el vestigio de la verdad dondequiera que ésta la pueda llevar. Examina el problema claramente hasta el final y compensar los requerimientos de una manera plena y justa, y el efecto es que el mundo le da todo lo que tiene para dar en afecto, respeto, amor y consentimiento.

La abundancia es una ley normal del Universo. La certeza de esta ley es concluyente; lo vemos en todas partes. En todas partes, la Naturaleza es abundante, pródiga, singular. En ninguna parte se ve economía en ninguna cosa creada. La abundancia se manifiesta en todo. Los millones y millones de árboles, flores, vegetales y animales y el extenso plan de reproducción en el que el proceso de fundar y recrear está siempre en marcha, todo muestra la abundancia con la que la Naturaleza ha suministrado al ser humano. Que hay abundancia para todos es evidente, pero también es cierto que muchas personas no participan de esta abundancia. Todavía no han alcanzado a darse cuenta de la Universalidad de toda sustancia, y que la mente es el principio dinámico por el cual estamos conectados con las cosas que queremos.

LA LLAVE MAESTRA

La riqueza es la secuela del poder; las posesiones tienen valor solamente porque confieren poder. Los sucesos son significativos únicamente porque conmueven al poder; todas las cosas simbolizan ciertas formas y grados de poder.

El conocimiento de causa y efecto tal como los exponen las leyes que gobiernan la electricidad, la semejanza química y la gravedad, permite al hombre planear con valentía y elaborar sin miedo. Estas leyes se denominan Leyes Naturales porque rigen en el mundo físico, pero todo el poder no es poder físico; también está el poder mental y el poder moral y espiritual.

El poder espiritual es superior porque vive en un plano superior.

Ha autorizado al hombre descubrir la ley por la cual se podían aprovechar estas maravillosas fuerzas de la Naturaleza y hacer que ejecutaran el trabajo de cientos y miles de personas. Ha concedido al hombre descubrir las leyes por las que el tiempo y el espacio han sido dominados y la ley de gravedad superada. El funcionamiento de esta ley pende del contacto espiritual, como bien dice Henry Drummond:

En el mundo físico tal como lo conocemos está lo orgánico y lo inorgánico. Lo inorgánico del mundo mineral está totalmente desconectado del mundo vegetal o animal; el pasadizo está impenetrablemente sellado. Las barreras todavía no han sido traspasadas jamás. Ningún cambio de sustancia, ninguna reforma del medio ambiente, ninguna química, ninguna electricidad, ninguna forma de energía, ninguna prosperidad de ningún tipo puede dotar jamás a ningún átomo del mundo mineral con el carácter de la Vida.

Solamente si alguna forma viva se inclina a penetrar en el interior de ese mundo muerto pueden esos átomos muertos ser concedidos con las propiedades de la energía; sin este contacto con la vida, persisten fijos para siempre en la esfera inorgánica.

Huxley dice que la doctrina de la Biogénesis (o la vida sólo de la vida) es totalmente victoriosa, y Tyndall se ve forzado a decir: "Asevero que no hay ni un asomo de ensayos fiables que demuestren que la vida en nuestro tiempo haya parecido nunca ser autónoma de la vida antecedente".

Las leyes físicas pueden exponer lo inorgánico, la biología explica y da cuenta del progreso de lo orgánico, pero la Ciencia guarda silencio respecto al punto de relación. Existe un pasadizo similar entre el mundo Natural y el mundo Espiritual. Ese paso está herméticamente cerrado en el lado natural. La puerta está sellada; ningún hombre puede abrirla; ningún cambio orgánico, ninguna energía mental, ninguna voluntad moral, ningún progreso de ningún tipo puede dejar que cualquier ser humano ingrese en el mundo espiritual.

LA LLAVE MAESTRA

Pero como la planta que entra en el mundo mineral y lo toca con el secreto de la Vida, también la Mente Universal penetra en la mente humana y la palpa con unas cualidades nuevas, extrañas, asombrosas e incluso ostentosas. Todos los hombres y mujeres que han conseguido algo en el mundo de la industria, el negocio o el arte lo han hecho gracias a este proceso.

El pensamiento es el lazo entre lo Infinito y lo finito, entre lo Universal y el individuo. Hemos comprobado que existe una barrera imposible entre lo orgánico y lo inorgánico, y que la única forma en que la materia puede desplegarse es impregnándose de vida. Cuando una semilla penetra en el mundo mineral y comienza a desarrollarse y a desenvolverse, la materia viva comienza a vivir. Mil dedos intangibles empiezan a tejer un entorno apropiado para la nueva llegada, y mientras la ley del crecimiento intenta hacer efecto, vemos cómo el proceso sigue hasta que finalmente aparece el Lirio, e incluso "Salomón en toda su perfección no estuvo adornado como uno de ellos".

Sin embargo, un pensamiento se deja caer en la sustancia invisible de la Mente Universal (esa sustancia a partir de la cual todas las cosas son creadas) y, cuando echa raíces, la ley del crecimiento empieza a hacer efecto, y vemos que las ocurrencias y el entorno no son más que la forma justa de nuestro pensamiento.

La ley dice que el Pensamiento es una forma activa e indispensable de energía dinámica que tiene el poder de ordenarse con su objeto y hacerlo salir de la sustancia invisible a partir de la cual son creadas todas las cosas y trasladarlo al mundo visible u objetivo. Ésta es la ley por la cual todas las cosas alcanzan la manifestación: es la Llave Maestra con la que eres aceptado en el Lugar Secreto del Más Alto y se te otorga el "dominio de todas las cosas". Con una comprensión de esta ley, puedes establecer una cosa y ésta será establecida en ti.

No podría ser de otra forma. Si el alma del Universo tal como lo conocemos es el Espíritu Universal, entonces el Universo es simplemente el estado que el Espíritu Universal ha creado para sí mismo.

Somos puramente espíritu individualizado y estamos creando las circunstancias para nuestro crecimiento puntualmente de la misma manera. Este poder creador obedece a nuestro reconocimiento del poder potencial del espíritu o la mente, y no debe ser desconcertado con la Evolución. La Creación es el llamado a la existencia de aquello que no vive en el mundo objetivo. La Evolución es meramente el despliegue de las potencialidades de las cosas que ya están.

Al rendir las maravillosas posibilidades que se abren para nosotros a través del trabajo de esta ley, debemos recordar que nosotros no ayudamos en nada a su eficacia, como dijo el Gran Maestro: "No soy yo el que ejecuta las obras, sino el Padre que vive en mí. Él hace el trabajo". Debemos tomar exactamente la misma postura; nosotros no podemos hacer nada para ayudar a la expresión, estrictamente debemos cumplir con la ley, y la Mente que todo lo origina producirá el efecto.

El gran desliz del hoy en día es la idea de que el ser humano debe originar la razón con la cual el Infinito puede crear un fin o un resultado específico. No es obligatorio nada de esto; podemos confiar en que la Mente Universal hallará los caminos y los medios para producir cualquier declaración necesaria. No obstante, nosotros debemos crear el ideal, y debería ser perfecto.

Sabemos que las leyes que rigen la electricidad han sido formuladas de tal manera que su poder impalpable puede ser controlado y utilizado de múltiples maneras para nuestro favor y nuestra comodidad. Sabemos que se transfieren mensajes por el mundo entero, que la maquinaria pesada hace lo que se le establece, que ahora ilumina prácticamente a todo el mundo, pero también sabemos que si quebrantamos sus leyes, cuerdamente o por ignorancia, tocando un cable vivo cuando éste no está incomunicado correctamente, el resultado será desagradable y posiblemente funesto. La falta de entendimiento de las leyes que presiden al mundo invisible tiene el mismo resultado, y muchas personas toleran sus consecuencias continuamente.

Se ha descrito que la ley de causalidad depende de la polaridad, que se debe constituir un circuito. Ese circuito no puede componerse a menos que procedamos en armonía con la ley. ¿Cómo vamos a actuar en armonía con la ley si no conocemos cuál es esta ley? ¿Cómo podemos saber cuál es esta ley? A través del estudio, mediante la investigación.

En todas partes vemos esta ley en marcha. Toda la naturaleza da fe del funcionamiento de la ley al enunciarse en silencio, perseverantemente, en la ley del crecimiento. Ahí donde hay crecimiento, tiene que hallarse la vida; ahí donde hay vida, debe reinar la armonía, para que todo lo que tiene vida esté encantando continuamente hacia sí las condiciones y los abastecimientos necesarios para su más completa expresión.

Si tu pensamiento está en conformidad con el Principio Creador de la Naturaleza, está en sintonía con la Mente Infinita y creará el circuito; no volverá a ti vacío. Pero es posible que tengas pensamientos que no estén en sintonía con el Infinito, y cuando no existe polaridad, el circuito no se forma. ¿Cuál es, entonces el efecto? ¿Cuál es el resultado cuando una máquina está creando electricidad, el circuito se corta y no hay ninguna salida? La máquina se detiene.

Esto mismo sucederá exactamente contigo si tienes pensamientos que no están de acuerdo con el Infinito y, por ende, no pueden ser polarizados: no hay ningún contorno, estás incomunicado, los pensamientos se aferran a ti, te persiguen, te inquietan y, por último, provocan la enfermedad y, potencialmente, la muerte. Es posible que el médico no diagnostique el caso de esta manera, seguramente lo describa con algún nombre extravagante que haya sido fabricado para los diversos males que son el efecto de una forma de recapacitar errónea, pero la causa sigue siendo la misma.

El pensamiento provechoso debe ser, necesariamente, creativo, pero el pensamiento creativo debe ser a su vez armonioso, ya que esto excluye todos los pensamientos destructores o competitivos.

La sabiduría, la fuerza, la intrepidez y todas las ocurrencias armoniosas son el resultado del poder, y hemos comprobado que todo poder procede de nuestro interior. Asimismo, todas las faltas, limitaciones o circunstancias hostiles son el resultado de la extenuación, y la extenuación es puramente ausencia de poder; no viene de ninguna parte, no es nada. Por lo tanto, la enmienda es sencillamente desarrollar el poder, y esto se consigue puntualmente de la misma forma en que se desarrolla todo poder: a través del ejercicio.

Este ejercicio reside en hacer una concentración de tus conocimientos. Los conocimientos no se emplearán por sí mismos. Tú debes forjar la aplicación. La abundancia no te caerá del cielo sobre tu falda, pero si te das cuenta sensatamente de la ley de atracción y tienes la finalidad de ponerla en marcha con un fin claro, concreto y específico, y tienes la energía de llevar a cabo este objetivo, la realización de tu deseo se provocará por la ley natural de transferencia.

Si te dedicas a los negocios, éstos se acrecentarán y se desarrollarán por los conductos normales, y posiblemente también se abran conductos de distribución nuevos e inusitados, y cuando la ley esté enteramente operativa, descubrirás que las cosas que indagas te están buscando a ti.

Esta semana, opta por un espacio en blanco en la pared o en cualquier otro sitio conveniente, en el lugar donde sueles sentarte. Luego, traza mentalmente una línea negra horizontal de unos 15 centímetros de distancia y trata de verla de una manera tan clara como si estuviera coloreada en la pared. A continuación, traza mentalmente dos líneas verticales que se acoplen a la línea horizontal en cada uno de sus lados. Luego dibuja otra línea horizontal que enlace a las dos líneas verticales: ahora obtienes un cuadrado.

Trata de ver perfectamente el cuadrado. Cuando puedas hacerlo, traza un círculo dentro del cuadrado. Luego, pon un punto en el centro del círculo y atráelo hacia ti unos 25 centímetros. Ahora obtienes un cono en una base cuadrada. Recuerda que tu labor está todo en color negro; cámbialo a blanco, a rojo y a amarillo.

Si logras esto, estarás ejecutando un avance excelente y ponto podrás centralizarte en cualquier problema que tengas en la mente.

LA LLAVE MAESTRA

Estudia las preguntas y sus respuestas:

9 1. ¿Qué es la Salud?

La Salud es la secuela del poder.

92. ¿Qué precio tienen las posesiones?

Las posesiones tienen precio únicamente porque conceden poder.

93. ¿Qué precio tiene el conocimiento de causa y efecto?

Permite a la persona planear con valentía y ejecutar sin miedo.

94. ¿Cómo se ocasiona la vida en el mundo inorgánico?

Exclusivamente por la introducción de alguna forma viva. No existe ninguna otra forma.

95. ¿Cuál es el enlace entre lo finito y lo Infinito?

El pensamiento.

96. ¿Por qué?

Porque lo Universal sólo puede declararse a través del individuo.

97. ¿De qué depende la causalidad?

De la polaridad: se debe formar un circuito. Lo Universal es el extremo positivo de la batería de la vida, el individuo es el extremo negativo y el pensamiento representa el circuito.

98. ¿Por qué hay tantas personas que no logran crear unas circunstancias armoniosas?

Porque no entienden la ley; no hay polaridad; no han formado el circuito.

99. ¿Cuál es el remedio?

Un reconocimiento consciente de la ley de atracción con el propósito de traerla a la existencia con una finalidad clara.

100. ¿Cuál será el efecto?

El pensamiento se ordenará con su objeto y lo traerá a la expresión, porque el pensamiento es un producto de la persona espiritual y el espíritu es el Principio Creador del Universo.

Capítulo XI

Tu vida está regida por la ley: por unos principios reales, inalterables, que nunca se transforman. La que está en marcha en todo momento, en todo lugar. A todas las acciones humanas subyacen unas leyes únicas.

Por esta razón, las personas que vigilan industrias gigantescas son capaces de establecer con absoluta precisión puntualmente qué porcentaje de cada cien mil personas reconocerá a todas las condiciones dadas.

Sin embargo, es bueno recordar que, aunque cada fruto es el efecto de una causa, el efecto a su vez se convierte en una causa, la cual genera otros efectos, y así sucesivamente. De modo que cuando pones en marcha la ley de atracción, debes recordar que, para bien o para mal, estás empezando un tren de eventualidad que puede contener infinitas posibilidades.

Con periodicidad escuchamos decir: "En mi vida se ha presentado una circunstancia Muy dolorosa que no puede ser el efecto de mis pensamientos, porque indudablemente yo nunca he tenido ningún pensamiento que pudiera contener ese efecto. No recordamos que los semejantes se atraen en el mundo mental y que los pensamientos que halagamos nos traen determinadas amistades, un determinado tipo de colegas, y éstos, a su vez, producen sucesos y entornos que son responsables de las circunstancias de las que nos quejamos".

El razonamiento inductivo es el proceso de la mente objetiva A través del cual confrontamos una serie de casos individuales hasta que encontramos el factor común que los ocasiona.

La inducción se ejecuta por una comparación de datos. Éste es el método para estudiar la naturaleza que ha elaborado el descubrimiento de un reinado de leyes que ha marcado una época en el adelanto humano.

Es la línea limítrofe entre la superstición y la inteligencia; ha excluido los elementos de vacilación y capricho de las vidas de las personas y los ha suplantado por leyes, razón y certeza.

Es el "Guardián de la Puerta" citado en una lección anterior. Cuando, en honestidad de este principio, el mundo al que los sentidos estaban acostumbrados se sublevó, cuando el Sol fue detenido en su ruta, cuando la Tierra supuestamente plana adquirió la forma de una esfera y empezó a girar a su alrededor, cuando la materia inerte se tornó gradualmente en unos mecanismos activos y el universo aparecía dondequiera que rigiéramos el telescopio y el microscopio, repleto de fuerza movimiento y vida, nos vimos obligados a preguntar por qué medios se conservan en orden y se reparan las delicadas representaciones de organización en él.

Los polos iguales y las fuerzas iguales se impugnan o no pueden penetrarse unos a otros. En general, esta causa parece bastante para asignar un lugar y una marcha correctos a las estrellas, las personas y las fuerzas. Del mismo modo en que personas con disímiles virtudes se asocian, también los polos opuestos se atraen, los elementos que no tienen ninguna pertenencia en común como los ácidos y los gases se agarran unos a otros por predilección y se mantiene un cambio general entre el excedente y la petición.

De la misma forma en que los ojos indagan y reciben satisfacción en los colores suplementarios a los que son dados, también la necesidad y el deseo, en el sentido más extenso, incitan, guían y establecen la acción.

Es nuestro privilegio tomar conciencia del principio y proceder de acuerdo con él. Cuvier ve un diente que concierne a una raza animal extinta. Ese diente requiere un cuerpo para desempeñar su función y define al cuerpo característico con tanta precisión que Cuvier es capaz de reformar el esqueleto de ese animal.

En el movimiento de Urano se observan revueltas. Leverrier precisa otra estrella en un determinado lugar para mantener al sistema solar en orden, y Neptuno aparece en el lugar y la hora pactados. Las carencias instintivas del animal y las carencias intelectuales de Cuvier, las carencias de la naturaleza y la mente de Leverrier eran iguales; de ahí los efectos: aquí las inclinaciones de una existencia, ahí una existencia. Una necesidad genuina bien definida, por lo tanto, suministra la razón para las operaciones más complicadas de la naturaleza.

Habiendo inspeccionado correctamente las respuestas facilitadas por la naturaleza y estirado nuestros sentidos con la ciencia progresiva sobre su superficie, habiendo juntado las manos a los pedales que mueven la Tierra, nos volvemos más conscientes de un contacto tan angosto, variado y hondo con el mundo exterior, que nuestras necesidades y nuestros intentos se identifican con las armoniosas operaciones de esta vasta distribución tanto como se identifican la vida, la libertad y la prosperidad del ciudadano con la presencia de su gobierno.

De la misma forma en que los intereses del individuo están protegidos por las armas del país, agregadas a las suyas, y sus necesidades pueden depender de cierto suministro en la medida en que son sentidas de una forma más universal y firme, de la misma manera la ciudadanía consciente en la República de la Naturaleza nos resguarda de las molestias de los agentes secundarios a través de la alianza con los poderes superiores; y requiriendo a las leyes fundamentales de aguante o inducción brindadas a los agentes mecánicos o físicos, distribuye entre ellos y el ser humano la labor que debe ejecutarse para el mayor provecho del inventor.

Si Platón hubiese podido observar las imágenes ejecutadas por el Sol con la ayuda del fotógrafo, o cientos de dibujos similares de lo que el ser humano hace por inducción, tal vez se habría acordado de la partería intelectual de su experto, y en su propia mente podría haber brotado la visión de una tierra en la que toda la faena manual y mecánica y la repetición son determinados al poder de la naturaleza, donde nuestras insuficiencias son satisfechas por operaciones meramente mentales puestas en marcha a través de la voluntad y donde la provisión es creada por la demanda.

Por muy distante que pueda parecer esa tierra, la inducción ha Enseñado al ser humano a dar grandes pasos en esa orientación y lo ha rodeado de mercedes que son, al mismo tiempo, premios por la fidelidad del pasado y estímulos para una devoción más ágil.

Es también una ayuda para concentrar y vigorizar nuestras facultades para la parte restante, brindando soluciones acertadas a problemas individuales y universales a través de meras instrucciones de la mente en su representación más pura.

Aquí hallamos un método cuyo espíritu es creer que lo que uno desea ya se ha efectuado; un método que nos legó el propio Platón quien, fuera de su globo, jamás pudo investigar cómo las ideas se torna en realidades.

Este concepto también es descrito en detalle por Swedenborg en su doctrina de correspondencias.

Primero debemos creer que nuestro deseo ya se ha cumplido, y su realización vendrá a continuación. Ésta es una instrucción breve para hacer uso del poder creador del pensamiento tallando en la mente subjetiva Universal la cosa personal que deseamos como algo ya existente.

Estamos, por lo tanto, pensando en el plano de lo absoluto y excluyendo toda consideración de condiciones o restricción, al tiempo que plantamos una semilla que, si no es fastidiada, finalmente germinará y crecerá hacia el afuera.

Para rectificar: El razonamiento inductivo es el proceso de la mente objetiva mediante el cual confrontamos una serie de casos individuales con otros hasta que distinguimos el factor común que da origen a todos ellos. Observamos que hay gente en cualquier de los países civilizados del mundo que consigue resultados mediante algunos procesos que no parece entender y a los que suele atribuir un cierto misterio.

Nuestra razón nos es dada con el objetivo de que revelemos la ley por la cual se obtienen estos resultados. El ejercicio de este proceso de pensar se ve en aquellas naturalezas afortunadas que tienen todo lo que los demás deben adquirir con el trabajo, que nunca tienen una batalla con la conciencia porque siempre se conducen correctamente y nunca se comportan de una manera que no sea con tacto, aprenden todo expeditamente, terminan todo lo que comienzan con alegría, viven en indestructible armonía consigo mismas, sin jamás especular demasiado sobre lo que hacen, o percibir dificultades o esfuerzos.

El fruto de este pensamiento es, por así explicarlo, un regalo de los dioses, pero un regalo del que pocos son sensatos, valoran o comprenden. El reconocimiento del asombroso poder que tiene la mente en las condiciones preparadas y el hecho de que ese poder puede ser usado y encaminado, y que esté disponible para la solución de todos los problemas humanos, tiene una importancia interesante.

Toda verdad es la misma si es formulada en términos científicos modernos.

Hay almas tímidas que no se dan cuenta de que la generalidad de la verdad solicita varias declaraciones; que ninguna técnica humana mostrará todos sus semblantes.

El cambio, el significado, el lenguaje nuevo, las definiciones novedosas, las representaciones nuevas, no son, como algunos suponen, señales de una desviación de la verdad sino que, por el contrario, son la prueba de que la verdad está siendo observada en nuevas relaciones con las necesidades humanas y está siendo entendida de una forma más difundida.

Hay que narrarle la verdad a cada generación y a cada pueblo en unos términos nuevos y distintos.

Cuando la ciencia moderna argumenta que "La ley de atracción" es la ley por la cual el pensamiento se correlaciona con su objeto, cuando sometemos a cada una de estas afirmaciones a un análisis vemos que contienen puntualmente la misma verdad. La única oposición está en la forma en que ésta se exhibe.

Estamos en el paso de una nueva era. Ha llegado el momento en que el ser humano ha cultivado los secretos de la maestría. Se está preparando el camino para un nuevo precepto social más sorprendente que cualquier otra cosa que hayamos logrado soñar hasta ahora.

El problema de la ciencia moderna con la teología, el estudio de las religiones comparativas, el formidable poder de los nuevos movimientos sociales, todo ello está abriendo el camino para el nuevo orden. Es viable que se hayan demolido formas tradicionales que se habían vuelto antiguas e inútiles, pero no se ha disipado nada de valor.

LA LLAVE MAESTRA

Ha nacido una nueva fe, una fe que requiere una manera de expresión diferente, y esta fe se está generando en una profunda conciencia del poder que se está mostrando en la actual actividad espiritual que hallamos por todas partes.

El espíritu que dormita en lo mineral, inhala en lo vegetal, se mueve en lo animal y logra su desarrollo más alto en el ser humano es la Mente Universal, y nos incumbe a nosotros tender un puente sobre el precipicio entre el ser y el hacer, entre la teoría y la práctica, demostrando que comprendemos el dominio que se nos ha concedido.

De lejos, el mayor revelamiento de todos los siglos es el poder del pensamiento. La importancia de este hallazgo ha tardado un poco en llegar a la conciencia universal, pero ha llegado, y ya se está señalando la importancia de este descubrimiento, que es el más grandioso, en todos los campos de investigación.

¿Te estás cuestionando en qué radica el poder creador del pensamiento? Consiste en crear ideas, y éstas, a su vez, obtienen una forma específica apropiándose, concibiendo, observando, comprendiendo, descubriendo, analizando, rigiendo, gobernando, ajustando y aplicando la materia y la fuerza. Es apto de hacerlo porque es un poder creador perspicaz.

El pensamiento adquiere su actividad más realzada cuando se sumerge en su propia cuenca misteriosa, cuando cruza el estrecho ámbito del "yo" y va avanzando de verdad en verdad hasta conseguir la región de la luz eterna, donde todo lo que es, fue o será alguna vez se disuelve en una extraordinaria armonía.

De este proceso de auto contemplación llega la iluminación, que es inteligencia creativa y que, indiscutiblemente, es superior a todos los elementos, fuerzas o leyes de la naturaleza porque puede vislumbrarlos, modificarlos, regirlos y aplicarlos para sus propios desenlaces y objetivos y, por lo tanto, tenerlos.

La sabiduría comienza con el amanecer de la razón, y la razón no es más que el entendimiento del conocimiento y los principios por los que podemos estar al tanto del verdadero significado de las cosas. La sabiduría es, por ende, razón iluminada, y nos transporta a la humildad, porque la humildad es una gran parte de la Sabiduría.

Todos sabemos que muchas personas que han alcanzado algo aparentemente imposible, que han cumplido sus sueños de toda la vida, que lo han cambiado todo, inclusive a ellas mismas. A veces nos hemos pasmado ante la demostración de un poder supuestamente irresistible, que siempre parece estar utilizable justo cuando uno o más lo necesita, pero ahora todo ha estado claro. Lo único que se pretende es una comprensión de ciertos principios fundamentales concretos y de su atención adecuada.

LA LLAVE MAESTRA

Para tu entrenamiento de esta semana, centralízate en la cita tomada de la Biblia: "Todo lo que pidáis en la oración, creed que lo recibís, y lo tendréis". Fíjate en que no hay ninguna limitación: "Todo lo que pidáis" es muy claro y dice que la única limitación la impone nuestra capacidad de pensar, de estar a la altura de los sucesos, de elevarnos ante las incidencias, de conmemorar que la fe no es una sombra, sino una sustancia: "la sustancia de todas las cosas deseadas, la evidencia de las cosas no vistas".

LA LLAVE MAESTRA

Estudia las preguntas y sus respuestas:

1O1. ¿Qué es el razonamiento inductivo?

Es el proceso de la mente objetiva a través del cual comparamos una serie de casos individuales hasta hallar el factor común que da origen a todos ellos.

102. ¿Qué ha logrado este método de estudio?

Ha tenido como consecuencia el revelamiento de un reinado de la ley que ha marcado un período en el progreso humano.

103. ¿Qué es lo que guía y establece la acción?

Lo que induce, guía y determina la acción, en el sentido más extenso, son la necesidad y el deseo.

104. ¿Cuál es la fórmula para la solución garantizada a cada problema individual?

Debemos creer que nuestro deseo ya se ha cumplido. Entonces, su realización vendrá a continuación.

105. ¿Qué grandes Maestros defendieron esto?

Platón y Swedenborg.

106. ¿Cuál es el efecto de este proceso de pensamiento?

Estamos pensando en el plano de lo absoluto y plantando una semilla que brotará y dará frutos, si no se la fastidia.

107. ¿Por qué es esto científicamente exacto?

Porque es la Ley Natural.

108. ¿Qué es la fe?

"La fe es la sustancia de todas las cosas deseadas, la evidencia de todas las cosas no observadas".

109. ¿Qué es la Ley de Atracción?

La ley por la cual la fe es trasladada a la manifestación.

1 10. ¿Qué importancia le atribuyes al entendimiento de esta ley?

Ha excluido los elementos de incertidumbre y capricho de las vidas de las personas y los ha suplido con la ley, la razón y la certeza.

Capítulo XII

A continuación, tenemos el Capítulo Doce. En el cuarto párrafo hallarás la siguiente afirmación: "En primer lugar debes tener un conocimiento de tu poder; en segundo lugar, la valentía para ser osado; en tercer lugar, la fe para actuar". Si te concentras en los pensamientos dados, si les pones toda tu atención, revelarás un mundo de significado en cada fiase y atraerá hacia ti pensamientos de armonía. No demorarás en entender todo el significado y el conocimiento fundamental en el que te estás concentrando.

El conocimiento no se emplea por sí mismo; nosotros, como personas, debemos efectuar la aplicación, y ésta reside en fertilizar el pensamiento con un objetivo vivo.

El tiempo y los pensamientos que la mayoría de la gente derrocha en un esfuerzo sin propósito harían milagros si estuvieran apropiadamente dirigidos a un objeto específico. Para hacer esto, es preciso concentrar tu fuerza mental en un pensamiento específico y conservarla ahí, excluyendo a todos los otros pensamientos. Si alguna vez has visto a través del visor de una cámara, habrás probado que cuando el objeto no estaba enfocado, la impresión era poco clara y potencialmente borrosa, pero cuando se enfocaba cabalmente, la imagen era clara y nítida.

Esto enseña el poder de la concentración. A menos que te concentres en el objetivo que posees en mente, sólo lograrás un bosquejo confuso, indefinido, vago, poco claro y difuso de tu ideal, y los efectos estarán de acuerdo con tu imagen mental.

No hay ningún objetivo en la vida que no pueda lograrse a través de un entendimiento científico del poder creador del pensamiento.

Este poder de pensar es frecuente a todos. El ser humano vive porque piensa. El poder del hombre de pensar es eterno y, en resultado, su poder creador es vasto.

Sabemos que el pensamiento está fundando para nosotros aquello en lo que pensamos y que verdaderamente lo está acercando a nosotros. Sin embargo, nos cuesta deportar el miedo, la angustia o el desánimo, que son fuerzas de pensamiento enérgicas y que están continuamente apartando más de nosotros las cosas que anhelamos. Así pues, frecuentemente, damos un paso hacia adelante y dos hacia atrás.

La única forma de impedir retroceder es seguir avanzando. La eterna vigilancia es el costo del éxito. Hay tres pasos y cada uno de ellos es totalmente esencial. En primer lugar, debes tener un discernimiento de tu poder; en segundo lugar, el esfuerzo para ser osado, y en tercer lugar, la fe para actuar.

LA LLAVE MAESTRA

Teniendo esto como base, puedes erigir un negocio ideal, un hogar ideal, amigos ideales y un contexto ideal. No estás limitado en cuanto al material o el precio. El pensamiento es supremo y tiene el poder de apelar al banco Infinito de la sustancia principal para conseguir todo lo que necesita. Por lo tanto, tienes a tu alcance unos recursos imperecederos.

Pero tu ideal debe estar bien determinado, ser claro y concreto. Tener un ideal hoy, otro mañana y un tercer ideal la semana que próxima significa que diseminarás tus fuerzas y no lograrás nada; tu resultado será una composición sin sentido y caótica de material malgastado.

Desdichadamente, ése es el resultado que están alcanzando muchas personas, y la causa es indudable. Si un escultor intenta con un trozo de mármol y un cincel y cambia de idea cada quince minutos, ¿qué efecto puede esperar? Y, ¿por qué habrías de estar por un resultado diferente al moldear la más colosal y más flexible de todas las sustancias, la única sustancia red?

El resultado de esta incertidumbre y del pensamiento negativo suele hallarse en la pérdida de riqueza material. La aparente independencia que demandó de muchos años de trabajo y esfuerzo repentinamente desaparece. A menudo se manifiesta entonces que el dinero y las propiedades no envuelven independencia, en absoluto. Por el contrario, la única independencia resulta ser un conocimiento experto, que trabaja, del poder creador del pensamiento.

Este método práctico no puede llegar a ti si antes no has asumido que el único poder verdadero que puedes obtener es el poder de adecuarte a los principios divinos e indelebles. No puedes cambiar lo Infinito, pero puedes llegar a entender las leyes Naturales. La distinción de esta comprensión es una conciencia de tu manera de adaptar tus facultades de pensamiento al Pensamiento Universal, que es Omnipresente.

Tu capacidad de ayudar con esta Omnipotencia mostrará el grado de éxito que hallarás.

El poder del pensamiento tiene muchas reproducciones que son más o menos fascinantes, pero los efectos son nocivos, en lugar de útiles.

Positivamente, la ansiedad, el temor y todos los pensamientos negativos originan una cosecha semejante a ellos. Las personas que alojan pensamientos de este tipo deberán cosechar, irrevocablemente, lo que han sembrado.

Una vez más, hay indagadores de fenómenos que se entusiasman con las llamadas pruebas y manifestaciones de materialización obtenidas en sesiones de espiritismo. Abren de par en par sus portones mentales y se empapan con las corrientes más mortíferas que se pueden hallar en el mundo psíquico. No parecen entender que lo que les admite producir esas formas de pensamiento oscilantes es la capacidad de ser negativos, propensos y pasivos, y así extinguir toda su fuerza vital.

También hay religiosos hindúes que ven en el milagro de la materialización que efectúan los llamados partidarios de fuente de poder, olvidando que, en cuanto la voluntad se aísla, las formas se avejentan y las fuerzas vibratorias que las forman se desvanecen.

La telepatía, o transferencia de pensamiento, ha cogido una atención enorme, pero puesto que solicita un estado mental negativo por parte del recipiente, es una práctica dañina. Un pensamiento puede ser despachado con la intención de oír o ver, pero acarreará consigo un escarmiento adherido a la inversión del principio implicado.

En muchos casos, el hipnotismo es efectivamente peligroso para la persona que lo absorbe, así como para el hipnotizador. Nadie que esté familiarizado con las leyes que rigen el mundo mental podría pensar en querer dominar la voluntad de otra persona, porque al hacerlo se arrancará gradualmente (pero con seguridad) de su propio poder.

Todas estas perversiones tienen su complacencia temporal, y para algunas personas una fascinación acelerada, pero hay una fascinación incomparablemente mayor en la verdadera comprensión del mundo del poder interior: un poder que acrecienta con el uso, que es permanente en lugar de ser pasajero, que no sólo es un eficaz agente para crear el remedio a un error del pasado o a los efectos de un pensamiento erróneo, sino que también es un actor profiláctico que nos resguarda de todos los tipos y formas de peligro. Y, por último, es una fuerza creadora real con la que conseguimos crear nuevas circunstancias y un nuevo ambiente.

La ley dice que el pensamiento se armonizará con su objeto y dará origen en el mundo material a la comunicación de la cosa pensada o causada en el mundo mental. Entonces descubrimos la absoluta necesidad de ver que cada pensamiento posee el germen inherente de la verdad, para que la ley de crecimiento revele el bien, porque sólo el bien nos puede dar un poder indestructible.

El principio que concede al pensamiento el poder dinámico de correlacionarse con su objeto y, por ende, de someter cualquier experiencia humana hostil, es la ley de atracción, que es otra forma de llamar al amor. Éste es un principio eterno y esencial, inherente a todas las cosas, a todo método de Filosofía, a toda Religión y toda Ciencia. Uno no puede correr de la ley del amor.

Es el sentimiento que da fuerza al pensamiento. El sentimiento es deseo y éste a su vez es amor. El pensamiento empapado de amor se vuelve invulnerable.

Hallamos esta verdad destacada dondequiera que el poder del pensamiento es interpretado. La Mente Universal no sólo es Inteligencia, sino que también es sustancia, y esta sustancia es la potencia que une a los electrones por la ley de atracción, para que constituyan átomos.

Los átomos, a su vez, son congregados por la misma ley y forman moléculas. Las moléculas adoptan formas objetivas y, así, expresamos que la ley del amor es la fuerza creadora que está atrás de toda declaración, no sólo de átomos, sino también del mundo, del Universo y de todo lo que la ilusión puede concebir.

Es el funcionamiento de esta asombrosa ley de atracción lo que ha hecho que personas de todos los siglos y todas las épocas entendieran que debía de haber algún ser personal que contestaba a sus petitorios y deseos y manejaba los acontecimientos para consumar sus exigencias.

Es la composición de Pensamiento y Amor lo que forma esa fuerza invencible llamada la ley de atracción. Todas las leyes naturales son invencibles: la ley de gravedad, o la electricidad, o cualquier otra ley que actúe con exactitud matemática. No hay ninguna diferenciación; sólo el conducto de distribución puede ser anómalo. Si un puente se cae, no imputamos el derrumbamiento a ninguna diversificación en la ley de gravedad. Si una luz nos falla, no pensamos que las leyes que gobiernan la electricidad no son leales, y si la ley de atracción parece estar incorrectamente demostrada por una persona inepta o mal comunicada, no debemos concluir que la ley más asombrosa y garantizada, de la que depende todo el sistema de creación, ha desistido de trabajar. Antes bien, deberíamos concluir que precisamos entender un poco mejor esta ley, por la misma razón que la solución correcta a una dificultad de matemáticas difícil no siempre se logra rápida y expeditamente.

Las formas son creadas en el mundo mental o espiritual antes de que surjan en un acto o suceso exterior. A través del simple proceso de regir nuestras fuerzas de pensamiento hoy, auxiliamos a crear los sucesos que llegarán a nuestras vidas en el futuro, tal vez mañana. El anhelo educado es el medio más eficaz para transportar la ley de atracción a la acción.

El ser humano está hecho de tal manera que primero debe crear las herramientas o los utensilios con los que obtiene el poder de pensar. La mente no puede entender una idea totalmente nueva hasta que una célula cerebral vibratoria adecuada esté dispuesta para recibirla. Esto expresa por qué nos resulta tan difícil recibir o valorar una idea totalmente nueva: porque no tenemos ninguna célula cerebral apta de recibirla. Por lo tanto, somos desconfiados; no nos la creemos.

Por lo tanto, si no has estado habituado a la Omnipotencia de la ley de atracción y con el método científico a través del cual puede ponerse en marcha, o si no has estado familiarizado con las posibilidades inmensas que abre para aquellos que pueden sacar utilidad de los recursos que brinda, empieza ahora y crea las células cerebrales precisas para poder entender los poderes ilimitados que pueden ser tuyos si ayudas a la Ley Natural. Esto se hace mediante la concentración o la aplicación.

La finalidad gobierna a la atención. El poder llega a través del descanso. Es mediante la concentración que se logran los pensamientos profundos, el discurso sabio y todas las fuerzas de gran potencialidad.

A través del silencio ingresas al contacto con el poder Omnipotente de la mente subconsciente, de la que desarrolla todo poder.

Quien quiere tener sabiduría, poder o un triunfo permanente de cualquier tipo lo hallará únicamente en su interior. Es un despliegue.

Alguna persona podría rematar que ese silencio se obtiene de una forma muy natural y fácil, pero debemos conmemorar que sólo en el silencio absoluto puede uno ingresar en contacto con la divinidad misma, asimilar la ley invariable y abrir por sí mismo los canales por los que la práctica constante y la concentración llevan a la perfección.

Esta semana, asiéntate en la misma silla, en la misma habitación y en la misma posición que las veces anteriores. Cerciórate de relajarte y dejarte ir, tanto física como mentalmente. Haz esto constantemente; nunca pretendas realizar ningún trabajo mental bajo presión; intenta que no haya músculos o nervios rígidos, de estar absolutamente cómodo. A continuación, toma conciencia de tu cercanía con la omnipotencia. Entra en contacto con su poder, alcanza a una comprensión, a una valoración y una conciencia profunda y valiosa del hecho de que tu capacidad de pensar es tu capacidad de tener un resultado en la Mente Universal, y tráela a la expresión. Date cuenta de que satisfará todas y cada una de tus postulaciones, de que tienes exactamente la misma destreza potencial que ha tenido o tendrá jamás cualquier individuo, porque cada persona no es más que una expresión o expresión del Único. Todas las personas constituyen parte del todo; no hay ninguna contradicción de tipo o cualidad; la única diferencia está en el valor.

LA LLAVE MAESTRA

Estudia las preguntas y sus respuestas:

111. ¿Cuál es la mejor forma de realizar cualquier objetivo en la vida?

A través de una comprensión científica de la naturaleza espiritual del pensamiento.

112. ¿Qué tres pasos son definitivamente esenciales?

El conocimiento de nuestro poder, la valentía para ser osados y la fe para actuar.

113. ¿Cómo se logra el conocimiento práctico, que funciona?

A través de una comprensión de las leyes Naturales.

114. ¿Cuál es la distinción de la comprensión de esas leyes?

Darnos cuenta conscientemente de nuestra capacidad de concertarnos al principio divino e inalterable.

115. ¿Qué es lo que mostrará el grado de éxito que alcanzamos?

La medida en que nos demos cuenta de que no podemos cambiar a la Mente Infinita, sino que debemos asistir con ella.

116. ¿Cuál es el principio que le concede al pensamiento su poder dinámico?

La Ley de Atracción que se afirma en la vibración, la cual, a su vez, se apoya en la ley del amor. El pensamiento empapado de amor se torna invencible.

117. ¿Por qué es invencible esta ley?

Porque es una Ley Natural. Todas las leyes Naturales son invencibles e inalterables y actúan con exactitud matemática. No hay ninguna desviación o diferenciación.

118. ¿Por qué, entonces, parece tan difícil hallar una solución a nuestros problemas en la vida?

Por el mismo motivo por el que a veces es difícil hallar la solución correcta a un difícil problema matemático. La persona está mal informada o es inepta.

119. ¿Por qué es imposible para la mente entender una idea completamente nueva?

Porque no tenemos ninguna célula cerebral vibratoria capaz de recoger esa idea.

120. ¿Cómo se obtiene la sabiduría?

A través de la concentración. Es un despliegue; proviene del interior.

LA LLAVE MAESTRA

Capítulo XIII

La ciencia física es responsable de la extraordinaria era de la invención en la que vivimos hoy por hoy, pero la ciencia espiritual está ahora poniéndose en marcha en una carrera cuyas contingencias nadie puede predecir.

Antes, la ciencia espiritual era la pelota de fútbol de los ignorantes, los supersticiosos, los contemplativos, pero ahora la gente está atañida únicamente en los métodos claros y los hechos explicados.

Nos hemos dado cuenta de que pensar es un proceso subjetivo, de que la visión y la utopía preceden a la acción y el hecho, de que ha llegado el día del soñador.

Las siguientes líneas del señor Herbert Kaufman son atractivos en relación con esto: "Son arquitectos de grandeza, su visión se encuentra dentro de sus almas. Ellos ven más alto de los velos y las brumas de la duda, y los muros del Tiempo que todavía no ha nacido. La rueda con correa, las vías de acero, la hélice que gira, son lanzaderas en el telar en el que tejen sus tapices mágicos. Creadores de Imperios, han luchado por cosas más grandes que lar coronas y por asientos más elevados que los tronos. Vuestros hogares están establecidos en la tierra hallada por un soñador. Las pinturas en las paredes son visiones que provienen del alma de un sonador. Ellos son unos pocos elegidos: los que iluminan el camino. Los muros se desmoronan y los Imperios caen; la ola gigantesca azota desde el mar y arranca una fortaleza de sus rocas. Las naciones podridas caen de las ramas del Tiempo, y sólo las cosas que los soñadores hacen permanecen".

El capítulo que aparece a continuación cuenta por qué los sueños del soñador se hacen realidad. Expone la ley de causalidad gracias a la cual los soñadores, los fabricadores, los escritores y los bancarios logran que sus deseos se cumplan. Explica la ley por la que lo que suponemos en nuestra mente, tarde o temprano, termina siendo nuestra.

La propensión y, como puede demostrarse, la necesidad de la ciencia ha sido investigar la explicación de los hechos diarios mediante una generalización de esos otros hechos que son menos habituales y constituyen la irregularidad. Así, la explosión de un volcán manifiesta el calor que está consecutivamente activo en el interior de la Tierra y al que ésta debe gran parte de su distribución.

Así, el relámpago dejar ver un poder sutil que está asiduamente ocupado originando cambios en el mundo mineral y, del mismo modo que lenguas muertas que ahora rara vez se escuchan antes solían tener atribución entre las naciones, también un diente gigante en Siberia o un fósil en la cuenca de la Tierra no sólo tienen un reconocimiento de la evolución de eras pasadas, sino que además explican el principio de las colinas y los valles en los que habitamos hoy. Así pues, una divulgación de datos poco frecuentes, insólitos, o que forman una excepción, ha sido la aguja atractiva que ha guiado todos los hallazgos de la ciencia inductiva. Este método se basa en la razón y en la práctica y, por lo tanto, acabó con la superstición, el precursor y los convencionalismos.

Han transcurrido casi trescientos años desde que lord Bacon encomendó este método de estudio al que las naciones avanzadas deben la mayor parte de su bienestar y la parte más valiosa de sus conocimientos. Este método ha depurado a la mente de ofuscaciones estrechas, de las designadas teorías, más eficazmente que si lo hubiera hecho con el sarcasmo más aguda, llamando la atención de las personas desde el cielo hasta la tierra a través de experimentos asombrosos con más victoria que con la más enérgica manifestación de su ignorancia, educando las facultades inventivas con la representación cercana de unos hallazgos útiles abiertos para todos, con más potencia que si hablara de sacar a la luz las leyes congénitas de nuestra mente.

El método de Bacon se ha apoderado del espíritu y del intento de los grandes filósofos de Grecia y los ha puesto en eficacia a través de los nuevos medios de investigación que nos brindó otra era, revelando así, progresivamente, un asombroso campo de conocimiento en el

espacio infinito de la cosmografía, en el huevo microscópico de la embriología y en la vaga era de la geología; revelando un mandato de la pulsación que la lógica de Aristóteles jamás habría logrado descubrir y examinando en elementos antes ignorados las combinaciones materiales que ninguna lógica de los escolásticos podría apartar a la fuerza.

Ha alargado la vida; ha aplacado el dolor; ha eliminado enfermedades; ha desarrollado la fertilidad de la tierra; ha proporcionado más seguridad al marinero; ha extendido puentes sobre grandes ríos de una forma inexplorada para nuestros padres; ha encaminado al rayo desde el cielo hasta la tierra; ha alumbrado la noche con el esplendor del día; ha desarrollado el alcance de la visión humana; ha reproducido el poder de los músculos humanos; ha apresurado el movimiento; ha vencido a la distancia; ha facilitado las relaciones, la comunicación, todos los oficios amistosos, todos las exportaciones de negocios; ha autorizado al hombre descender a las cuencas del mar, elevarse por los aires, entrar sin peligro en las profundidades de la Tierra.

Ésta es, entonces, la verdadera naturaleza y la amplitud de la inducción. Pero cuanto mayor es el triunfo que los seres humanos logran en la ciencia inductiva, más nos hace distinguir todo el temor de sus enseñanzas y su muestra, la insuficiencia de observar detenidamente, con paciencia y exactitud, con todos los utensilios y recursos que tenemos a nuestro alcance, los datos particulares antes de exponernos a hacer una afirmación de leyes generales.

Revelar el comportamiento de la chispa eliminada de la máquina eléctrica en una diversidad de circunstancias, para que así nos animemos a estudiar con Franklin, en la forma de una cometa, la interrogación a la nube sobre la esencia del relámpago. Aseverarnos del modo en que los organismos caen con la exactitud de un Galileo, para que con Newton nos aventuremos a preguntarle a la Luna sobre la fuerza que la mantiene atada a la Tierra.

En pocas palabras, por el coste que cargamos a la verdad, por nuestra ilusión de un progreso constante y universal, no podemos dejar que un prejuicio despótico omita o mutile una realidad embarazosa, sino que debemos alzar la superestructura de la ciencia sobre la amplia e indeleble base de la plena vigilancia prestada a los fenómenos más incomunicados, así como a los más habituales. Se puede congregar cada vez más material a través de la observación, pero los datos almacenados tienen un valor muy diferente para la explicación de la naturaleza, y del mismo modo que apreciamos más las cualidades útiles menos usuales de las personas, también la filosofía natural investiga los datos y acusa una importancia preeminente a esa categoría asombrosa que no puede ser explicada mediante la investigación normal y diaria de la vida. Entonces, si revelamos que ciertas personas parecen tener un poder inusual, ¿qué debemos concluir? En primer lugar, es viable que digamos que no es innegable, lo cual es simplemente un reconocimiento de nuestra lacra de información, porque todo investigador honesto reconoce que incesablemente están teniendo lugar muchos fenómenos insólitos y anteriormente inexplicables. Sin embargo, aquellas personas que se acostumbren con el poder creador del pensamiento dejarán de creerlos inexplicables.

En segundo lugar, podemos indicar que son el resultado de una interferencia sobrenatural, pero una agudeza científica de las Leyes Naturales nos persuadirá de que no hay nada sobrenatural. Todo fenómeno es el resultado de una causa exacta especifica, y la causa es una ley o principio inmutable que marcha con una precisión invariable, tanto si la ley es puesta en movimiento consciente o inconscientemente.

En tercer lugar, podemos expresar que estamos en "terreno prohibido", que hay algunas cosas que no convendríamos saber. Esta objeción ha sido utilizada contra todos los adelantos en el conocimiento humano. Todas las personas que alguna vez han evolucionado a una nueva idea (tanto si se trataba de un Colón, un Darwin, un Galileo, un Fulton o un Emerson) fueron burladas o acosadas, así que no deberíamos tomar en serio esta réplica, sino que, al contrario, deberíamos considerar contenidamente cada dato que llama nuestra atención: al hacerlo descubriremos más ágilmente la ley en la que se basa.

LA LLAVE MAESTRA

Se manifestará que el poder creador del pensamiento explicará todas las circunstancias o prácticas posibles, tanto si son físicas, mentales o espirituales.

El pensamiento creará sucesos que se corresponderán con la actitud mental sobresaliente. Por lo tanto, puesto que el miedo es una forma de pensamiento eficaz, si tememos el desastre, el desastre será el efecto seguro de nuestro pensamiento. Ésta es la forma de pensamiento que con periodicidad acaba con el resultado de muchos años de trabajo y energía.

Si pensamos en alguna representación de riqueza material, podemos lograrla. Mediante el pensamiento concentrado, se originarán las condiciones requeridas y se invertirá el esfuerzo apropiado, lo cual tendrá como resultado la creación de las circunstancias precisas para realizar nuestras aspiraciones. Sin embargo, con frecuencia descubrimos que cuando logramos las cosas que creíamos desear, no tienen el efecto que esperábamos. Es decir, que la complacencia es sólo temporal, o potencialmente es lo opuesto a lo que esperábamos.

¿Cuál es, entonces, el procedimiento de procedimiento adecuado? ¿Qué debemos pensar para lograr lo que realmente deseamos? Lo que tú y yo deseamos, lo que todos anhelamos, lo que todo el mundo está buscando, es Felicidad y Armonía. Si podemos ser realmente felices tendremos todo lo que el mundo puede dar. Si somos felices podemos hacer felices a los otros. Pero no podemos ser felices a menos que poseamos salud, fuerza, buenos amigos, un contexto agradable y abastecimientos suficientes, no sólo para envolver nuestras necesidades, sino también para facilitarnos los bienestares y los lujos que nos merecemos.

La antigua forma ortodoxa de especular consistía en ser conformistas, estar orgullosos con lo que tuviéramos, sea lo que fuere, pero la idea moderna es saber que nos ganamos tener lo mejor de todo, que "el Padre y yo somos uno" y que el "Padre" es la Mente Universal, el Creador, la Sustancia Original de la que provienen todas las cosas.

Entonces, examinando que todo esto es cierto en teoría y que se ha venido enseñando desde hace dos mil años y es la naturaleza de todo sistema de filosofía o de toda religión, ¿cómo podemos situarlo en práctica en nuestras vidas? ¿Cómo podemos lograr los resultados reales, palpables, aquí y ahora? En primer lugar, debemos poner en práctica nuestras ideas. No se puede conseguir nada de ninguna otra manera. El atleta puede leer libros y enseñanzas sobre adiestramiento físico durante toda su vida pero, a menos que comience a fortificarse mediante un trabajo real, nunca tendrá potencia: terminará consiguiendo exactamente lo que da, pero tendrá que darlo primero. Lo mismo sucede con nosotros: lograremos exactamente lo que demos, pero nos obligamos a dar primero para que luego vuelva a nosotros duplicado. Dar es meramente un proceso mental, porque los pensamientos son causas y las circunstancias son los efectos. Por ende, al dar pensamientos de arrojo, iluminación, salud o ayuda de cualquier tipo, estamos poniendo en marcha las causas que originarán sus efectos.

El pensar es una actividad espiritual y, por ende, es creativo, pero no te equivoques: el pensamiento no establecerá nada a menos que esté encaminado consciente, sistemática y constructivamente. Ahí reside la diferencia entre el pensamiento desocupado, que sólo es una propagación del esfuerzo, y el pensamiento constructivo, que simboliza un éxito prácticamente inmenso.

Hemos descubierto que todo lo que recogemos llega a nosotros por la Ley de Atracción. Un pensamiento feliz no puede hallarse en una conciencia infeliz; por lo tanto, la conciencia debe cambiar. Y cuando eso ocurre, todas las condiciones precisas para compensar a la nueva conciencia deben cambiar también progresivamente para adaptarse a las exigencias de la nueva situación.

Al crear una Imagen Mental o un Ideal, estamos planeando un pensamiento a la Sustancia Universal a partir de la cual todas las cosas son creadas. Esta Sustancia Universal es Omnipresente, Omnipotente y Omnisciente. ¿Debemos avisar a lo Omnisciente de cuáles son los conductos adecuados para realizar nuestra petición? ¿Puede lo finito sugerir a lo Infinito? Ésta es la raíz del fracaso, de todo fracaso. Reconocemos la Omnipresencia de la Sustancia Universal, pero no estimamos el hecho de que esta sustancia no sólo es Omnipresente, sino que también es Omnipotente y Omnisciente y, en resultado, pondrá en marcha unas causas que nos son desconocidas. La mejor forma de conservar nuestro propio beneficio es buscando el Poder Infinito y la Sabiduría Infinita de la Mente Universal y, de este modo, nos convertimos en un conducto por el cual el Infinito puede realizar nuestro deseo. Esto quiere decir que el reconocimiento causa la realización; por lo tanto, como entrenamiento de esta semana, haz uso de este principio, reconoce el hecho de que eres parte del todo y de que una porción debe ser de la misma calaña y carácter que el todo; la única discrepancia que puede haber está en el valor. Cuando esta fabulosa realidad comience a entrar en tu conciencia, cuando verdaderamente te des cuenta del hecho de que tú (no tu cuerpo, sino el Ego), el "yo", el espíritu que piensa, es un fragmento integral del gran todo, que es igual a Él en sustancia, en forma y en clase, y que el Creador no podría crear nada diferente a Él, entonces tú también podrás decir "Mi Padre y yo somos uno", y llegarás a entender la belleza, la nobleza y las oportunidades importantes que han sido puestas a tu disposición.

LA LLAVE MAESTRA

Estudia las preguntas y sus respuestas:

121. ¿Cuál es el procedimiento con el que los filósofos natos obtienen y aplican sus conocimientos?

Observar los hechos individuales contenidamente, con paciencia y precisión, con todos los instrumentos y los recursos de los que disponen, antes de arriesgarse a hacer una declaración de leyes generales.

122. ¿Cómo podemos estar seguros de que este procedimiento es el correcto?

No accediendo a que un prejuicio tiránico ignore o corte una realidad incomoda.

123. ¿Qué hechos son los más estimados?

Aquellos que no pueden ser explicados a través de la observación normal diaria de la vida.

124. ¿En qué se basa este principio?

En la razón y la experiencia.

125. ¿Qué arruina?

La superstición, el antecedente y los convencionalismos.

126. ¿Cómo se descubrieron estas leyes?

Mediante una publicación de hechos que son poco comunes, raros, extraños y componen una excepción.

127. ¿Cómo podemos expresar gran parte de los fenómenos extraños y hasta ahora misteriosos que están ocurriendo constantemente?

Por el poder creador del pensamiento.

128. ¿Por qué?

Porque cuando nos enteramos de un hecho podemos estar seguros de que es el efecto de cierta causa específica y que esa causa marchará con una precisión invariable.

129. ¿Cuál es el efecto de este conocimiento?

Explicará la causa de todas las ocurrencias posibles, ya sean físicas, mentales o espirituales.

130. ¿Cómo podemos guardar nuestro propio beneficio?

LA LLAVE MAESTRA

Reconociendo el hecho de que el conocimiento de la naturaleza creativa del pensamiento nos pone en acercamiento con el Poder Infinito.

Capítulo XIV

Hasta el momento has descubierto, a través de tus estudios, que el pensamiento es una actividad espiritual y, por ende, está conferido de poder creador. Esto no quiere indicar que algunos pensamientos sean creativos, sino que todos los pensamientos lo son. Este mismo principio puede ser puesto en marcha una representación negativa, a través del proceso de insuficiencia.

El consciente y el subconsciente no son más que dos períodos de acciones relativas a una mente. La conexión del subconsciente con el consciente es bastante similar a la que habitualmente se halla entre una veleta y la atmósfera.

El más mínimo pensamiento alojado por la mente consciente incita en tu mente subconsciente una acción en puntual proporción a la profundidad del sentimiento que caracteriza al pensamiento y a la fuerza con la que se hospeda ese pensamiento.

Por lo tanto, si niegas unos acontecimientos insatisfactorios, estás aislando de esos acontecimientos el poder creador de tu pensamiento. Estás cortando de raíz. Estás agotando su vigor. Recuerda que la ley de crecimiento rige necesariamente cada manifestación en lo imparcial, de modo que la falta de circunstancias insatisfactorias no causará un cambio instantáneo. Una planta seguirá siendo perceptible durante un tiempo después de que sus raíces hayan sido cortadas, pero progresivamente se marchitará y se acabará esfumando, de manera que si aíslas tu pensamiento de la admiración de condiciones insatisfactorias acabas, progresivamente pero de una forma segura, con esas circunstancias.

Verás que es un camino puntualmente opuesto al que nos inclinaríamos naturalmente a seguir. Por lo tanto, tendrá el efecto justamente opuesto al que corrientemente está asegurado. La mayoría de la gente se centraliza atentamente en las circunstancias insatisfactorias, dándole así a la situación la medida de energía y fuerza que sea precisa para un crecimiento fornido.

La Energía Universal en la que tiene su principio todo movimiento, toda luz, todo calor y todo color, no participa de la restricción de los diversos resultados de los que es la fuente, sino que es grande por encima todos ellos. Esta Sustancia Universal es la mente de todo Poder, toda Sabiduría y toda Inteligencia.

Dar la razón a esta inteligencia es acostumbrarte a la cualidad de conocimiento de la Mente y, a través de ella, moverte por la Sustancia Universal y transportarla a unas relaciones agradables con tus asuntos.

LA LLAVE MAESTRA

Esto es algo que el profesor de ciencias más sabio no ha probado, un campo de hallazgo al que todavía no se ha arrojado; de hecho, pocas escuelas materialistas han atraído alguna vez el primer rayo de esta luz. Al parecer, no se les ha ocurrido que la ciencia está tan presente en todos lados como lo están la fuerza y la sustancia.

Algunas personas dirán: Si estos principios son seguros, ¿por qué no los estamos explicando? Si el principio fundamental es ciertamente correcto, ¿por qué no logramos los resultados adecuados? sí lo hacemos. Conseguimos unos resultados que están en puntual concordancia con nuestra comprensión de la ley y con nuestra destreza para hacer una aplicación correcta. No alcanzamos ningún efecto de las leyes que rigen la electricidad hasta que alguien expresó la ley y nos enseñó a utilizarla.

Esto nos instala en una relación totalmente nueva con nuestro entorno, abriendo unas posibilidades con las que jamás antes habíamos soñado, y ello a través de un rastreo metódico de la ley que está implicada ciertamente en nuestra nueva actitud mental.

La mente es creativa y el principio en el que esta ley se fundamenta es sólido y genuino, e inseparable a la naturaleza de las cosas. Pero este poder creador no se ocasiona en el individuo, sino en lo Universal, que es la fuente y el principio de toda energía y sustancia; el sujeto es simplemente el conducto de repartición de esta energía. El personaje es el medio por el cual lo Universal origina las diversas mezclas que tienen como resulta la formación de los fenómenos. Sabemos que los científicos han fraccionado la masa en un grandioso número de moléculas. Estas moléculas a su vez han sido fragmentadas en átomos, y éstos en electrones. El hallazgo de los electrones en tubos de vidrio de vacío elevado que tenían terminales de metal duro muestra de forma indiscutible que los electrones llenan todo el espacio: que están en todas partes, que son activos.

Colman todos los cuerpos materiales y dominan la totalidad de lo que llamamos área vacía. Ésta es, entonces, la Sustancia Universal de la que provienen todas las cosas.

Los electrones seguirían siendo electrones siempre si no marcharan encaminados para reunirse y constituir átomos y moléculas, y quien los dirige es la Mente. Un número de electrones dando vueltas alrededor de un eje de fuerza compone un átomo. Los átomos se acoplan en proporciones matemáticas definitivamente regulares y crean moléculas, y éstas se unen unas con otras para establecer una multitud de compuestos que, a su vez, se acoplan para construir el Universo. El átomo más frágil que se conoce es el de hidrógeno, y es 1.700 veces más pesado que un electrón. Un átomo de mercurio es 300.000 veces más pesado que un electrón. Los electrones son corriente negativa pura y, puesto que tienen la misma rapidez potencial que todas las otras energías universales, como el calor, la luz, la electricidad y el pensamiento, ni el tiempo ni el espacio demandan consideración.

LA LLAVE MAESTRA

Es atrayente la forma en que se manifestó la velocidad de la luz. La velocidad de la luz fue lograda por el astrónomo danés Roemer en 1676 a través de la investigación de los eclipses de las lunas de Júpiter. Cuando la Tierra estaba más cerca de Júpiter, el eclipse surgía unos ocho minutos y medio, demasiado rápido para los cálculos, y cuando la Tierra estaba más apartada de Júpiter, llegaba alrededor de ocho minutos y medio tarde. Roemer concluyó que el porqué era que se precisaban 17 minutos para que la luz del planeta cruzara el diámetro de la órbita de la Tierra, que medía la diferencia de los trayectos entre la Tierra y Júpiter. Este cálculo ha sido comprobado desde entonces y manifiesta que la luz viaja aproximadamente a 300.000 kilómetros por segundo.

Los electrones se revelan en el cuerpo como células y poseen una mente y una inteligencia suficientes para ejecutar sus funciones en la fisiología humana. Cada parte del cuerpo está compuesta por células, algunas de las cuales marchan autónomamente mientras que en otras lo conciben en comunidades. Las hay que están ocupadas creando tejidos, mientras que otras se consagran a constituir las diversas secreciones precisas para el cuerpo. Algunas proceden como transportadoras de material, otras son los cirujanos cuya labor es remediar los daños; algunas células son vertederos que se llevan los desperdicios, mientras que otras están interminablemente preparadas para resistir a los invasores o a intrusos indeseables de la familia de los gérmenes.

Todas estas células se revuelven con una mira común y cada una de ellas no sólo es un organismo vivo, sino que posee la vivacidad necesaria para poder efectuar las labores imputadas. También están concedidas de la inteligencia suficiente para almacenar las energías y eternizar su propia vida. Por lo tanto, deben aseverarse la nutrición suficiente, y últimamente se ha manifiesto que ejercitan la capacidad de designación en la selección de los alimentos.

Cada célula nace, se reproduce, muere y es absorbida. El sustento de la salud y de la vida propia depende de la invariable reproducción de estas células. Por lo tanto, está claro que hay sentido en cada átomo del cuerpo. Este sentido es una mente negativa, y el poder de recapacitar de la persona la convierte en positiva, de modo que puede vigilar esta mente negativa. Es la definición científica de la curación metafísica, y accederá a que cualquier sujeto pueda concebir el principio en el que se afirma este destacable fenómeno.

Esta mente negativa, que está comprendida en cada célula del cuerpo, ha sido llamada la mente subconsciente porque procede sin nuestro conocimiento consciente. Hemos comprendido que esta mente subconsciente reconoce a la voluntad de la mente consciente.

Todas las cosas tienen su origen en la mente, y las formas son la consecuencia del pensamiento. De manera que advertimos que las cosas en sí mismas no tienen ni comienzo, ni persistencia, ni realidad. Puesto que son causadas por el pensamiento, pueden ser tachadas también por el mismo.

En la ciencia mental, al igual que en la ciencia natural, se están ejecutando experimentos y cada hallazgo eleva al hombre un escalón más en orientación a su posible meta. Descubrimos que cada persona es el reflejo de los pensamientos que ha alojado a lo largo de su vida. Esto está plasmado en su fisonomía, en su representación, en su carácter y en su ambiente.

Detrás de cada efecto hay una causa, y si perseguimos su rastro hasta el punto de inicio hallaremos el principio creador del que salió. Las pruebas de ello son ahora tan completas que esta realidad es generalmente admitida.

El mundo objetivo está inspeccionado por un poder impalpable y, hasta este momento, misterioso. Hasta el día de hoy, hemos individualizado ese poder y lo hemos citado como Dios. Pero ahora, sin embargo, hemos aprendido a distinguirlo como la propiedad fuerte o el Principio de todo lo que vive: la Mente Infinita o Universal.

La Mente Universal, al ser imperecedera y omnipotente, coloca unos recursos ilimitados, y cuando nos acordamos de que además es omnipresente no podemos correr a la conclusión de que nosotros tenemos que ser una expresión o una declaración de dicha Mente.

El reconocimiento y la comprensión de los expedientes de la mente subconsciente nos mostrarán que la única discrepancia entre el subconsciente y lo Universal está en el valor. Difieren solamente como una gota de agua difiere del océano. Son iguales en género y cualidad; la diferencia está únicamente en el valor.

¿Aprecias, puedes apreciar, el valor de este antecedente tan sumamente importante? ¿Te das cuenta de que un reconocimiento de este formidable hecho te pone en relación con la Omnipotencia? Dado que la mente subconsciente es el punto de unión entre la Mente Universal y la mente consciente, acaso ¿no es cierto que la mente consciente pueda insinuar conscientemente pensamiento que la mente subconsciente pondrá en camino? Y, puesto que la mente subconsciente es una con la Mente Universal, acaso ¿no es indudable que no se puede poner ningún término a esas actividades?

Una comprensión científica de este principio expondrá los asombrosos resultados que se logran con el poder de la oración., son el resultado del trabajo de una ley perfectamente natural. Por lo tanto, no hay nada religioso o secreto en ello. Sin embargo, hay muchas personas que no están preparadas para entrar en la conducta precisa para pensar correctamente, a pesar de que es evidente que el pensamiento erróneo les ha traído el desengaño.

LA LLAVE MAESTRA

El pensamiento es la única realidad; los acontecimientos son sólo manifestaciones exteriores. Cuando el pensamiento cambia, todas las condiciones externas o materiales deben cambiar para estar en acuerdo con su creador, que es el pensamiento. Pero el pensamiento debe ser determinado, constante, fijo, preciso e inalterable. No puedes dar un paso hacia adelante y dos pasos hacia atrás, ni tampoco puedes pasar veinte o treinta años de tu vida creando circunstancias negativas como secuela de tus pensamientos negativos y luego ir al encuentro a que desaparezcan como efecto de quince o veinte minutos de pensamiento correcto.

Si entras en la regla necesaria para producir un cambio fundamental en tu vida, debes hacerlo voluntariamente, después de haber meditado sobre el tema y haberlo estimado a fondo. Después, no debes acceder a que nada estorbe con tu decisión.

Esta disciplina, este cambio en el pensamiento, esta cualidad mental, no sólo te traerá las cosas materiales que son precisas para tu mayor bienestar, sino que, por lo general, también te contribuirá salud y ocurrencias armoniosas. Si deseas tener ocurrencias armoniosas en tu vida, debes desplegar una actitud mental armoniosa.

Tu mundo exterior será un reflejo de tu mundo interno. Para el ejercicio adecuado, concéntrate en la armonía, y cuando digo "concéntrate" me refiero a todo lo que la palabra envuelve. Concéntrate de una manera tan profunda, tan seria, que no seas consciente de nada más que de la armonía. Recuerda, nos instruimos haciendo. Leer estas enseñanzas no te llevará a ninguna parte. El valor está en la diligencia práctica.

LA LLAVE MAESTRA

Estudia las preguntas y sus respuestas:

131. ¿Cuál es la partida de toda Sabiduría, todo Poder y toda Inteligencia?

La Mente Universal.

132. ¿Dónde se ocasiona todo movimiento, toda luz, todo calor y todo color?

En la Energía Universal, que es una expresión de la Mente Universal.

133. ¿Dónde se ocasiona el poder creador del pensamiento?

En la Mente Universal.

134. ¿Qué es el pensamiento?

Mente en movimiento.

135. ¿Cómo se diferencia lo Universal en la forma?

El individuo es el medio por el cual lo Universal provoca las diversas combinaciones que tiene como secuela la formación de los fenómenos.

136. ¿Cómo se consigue?

El poder que tiene el individuo para pensar es su capacidad de tener un efecto en lo Universal y traerlo a la expresión.

137. Hasta donde sabemos, ¿cuál es la primera representación que adopta lo Universal?

La de electrones, los cuales colman todo el espacio.

138. ¿Dónde se producen todas las cosas?

En la mente.

139. ¿Cuál es el efecto de un cambio en la forma de pensar?

Un cambio en las circunstancias.

140. ¿Cuál es el efecto de una actitud mental armoniosa?

Unas circunstancias armoniosas en la vida.

LA LLAVE MAESTRA

Capítulo XV

Los experimentos con parásitos encontrados en plantas indican que incluso el orden de vida más inferior puede cultivar la ley natural. Este intento fue realizado por Jacques Loch, Doctor en Medicina, Doctor en Filosofía y miembro del Instituto Rock.feller. "Para conseguir el material, se llevan unos rosales en macetas a una habitación y se los coloca al frente de una ventana cerrada. Si se deja que las plantas se resequen, los parásitos que antes no tenían alas, se convierten en insectos alados. Después de la transformación, los animales dejan las plantas, vuelan hasta la ventana y luego se arrastran hacia arriba en el cristal".

Es indudable que estos microscópicos insectos se dieron cuenta de que las plantas de las que se habían estado nutriendo estaban muertas y de que, por lo tanto, ya no podían obtener nada más para comer y beber. El único método a través del cual podían protegerse de morir de hambre era desarrollar transitoriamente unas alas y volar, y eso fue lo que hicieron.

Experimentos como estos muestran que la Omnisciencia, así como la Omnipotencia, es omnipresente, y que el ser vivo más pequeño puede sacar provecho de ella en un aprieto.

Este capítulo te narrará más sobre las leyes bajo las cuales vivimos. Te explicará que estas leyes funcionan para nuestro beneficio; que todas las circunstancias y prácticas que nos llegan son para nuestro beneficio; que recibimos fuerza en simetría al esfuerzo invertido y que nuestra felicidad se logra mejor a través de una colaboración consciente con las Leyes Naturales.

Las leyes bajo las que vivimos están trazadas únicamente para nuestro provecho. Estas leyes son inalterables y no podemos escapar a su funcionamiento.

Todas las grandes fuerzas eternas proceden en silencio solemne, pero está en nuestras manos ubicarnos en armonía con ellas y, de ese modo, expresar una vida de inherente paz y felicidad. Las dificultades, la falta de armonía y los obstáculos muestran que estamos negándonos a dar aquello que ya no precisamos o negándonos a aceptar lo que requerimos.

El crecimiento se logra a través de una compensación de lo viejo por lo nuevo, de lo bueno por lo mejor. Es una acción temporal o recíproca, pues cada uno de nosotros es una forma completa de pensamiento y el hecho de que sea completa hace posible que recibamos solamente tanto como proporcionamos.

LA LLAVE MAESTRA

No podemos conseguir aquello de lo que carecemos si nos aferramos tenazmente a lo que tenemos. Podemos intervenir conscientemente en nuestras circunstancias cuando llegamos a descubrir el propósito de lo que atraemos y somos capaces de eliminar de cada experiencia únicamente lo que requerimos para seguir creciendo. Nuestra habilidad para hacer esto determina el grado de conformidad o felicidad que logramos.

La capacidad de apropiarnos de lo que condicionamos para nuestro crecimiento aumenta continuamente cuando conseguimos planos más elevados y visiones más amplias. Cuanto mayor es nuestra cabida de saber lo que necesitamos, más seguros nos concebiremos para percibir su presencia, para cautivarlo y absorberlo. Nada puede llegar a nosotros, excepto lo que es obligatorio para nuestro crecimiento.

Todas las circunstancias y prácticas que llegan a nosotros lo hacen para nuestro beneficio. Los aprietos y los obstáculos continuarán apareciendo hasta que impregnemos su sabiduría y captemos lo esencial para permanecer creciendo.

Cosechamos lo que sembramos: esto es matemáticamente correcto. Obtenemos una fuerza indestructible exactamente en proporción al esfuerzo requerido para superar los problemas.

Los requerimientos inapelables del crecimiento exigen que ejerzamos el mayor grado de afinidad de lo que está perfectamente de acuerdo con nosotros. La mejor manera de conseguir nuestra mayor felicidad es a través de la agudeza de las Leyes Naturales y de una colaboración consciente con ellas.

Para tener vitalidad, el pensamiento debe estar lleno de amor. El amor es un producto de las emociones. Por lo tanto, es fundamental que las emociones sean vigiladas y guiadas por el entendimiento y la razón.

Es el amor el que confiere vitalidad al pensamiento y, de ese modo, le permite brotar. La ley de atracción, o la ley del amor, porque son una y la misma, le contribuirá el material necesario para su crecimiento y gestación.

La primera forma que hallará el pensamiento es el lenguaje o las palabras. Esto establece la importancia de las palabras: ellas son la primera expresión del pensamiento -los recipientes en los que se transporta el pensamiento. Se afianzan del éter y, poniéndolo en movimiento, imitan el pensamiento para los demás en forma de sonido.

El pensamiento puede llevar a cualquier tipo de ejercicio, pero cualquiera que sea la acción, es puramente pensamiento intentando expresarse en una forma visible. Por lo tanto, es indudable que si queremos tener unas circunstancias ansiadas sólo nos podemos permitir albergar pensamientos ansiados.

LA LLAVE MAESTRA

Esto nos lleva a la ineludible conclusión de que si deseamos expresar abundancia en nuestras vidas, exclusivamente nos podemos permitir pensar en la abundancia. Y puesto que las palabras sólo son pensamientos que están tomando representación, debemos ser principalmente cuidadosos de usar solamente un lenguaje provechoso y armonioso que, cuando posteriormente se cristalice en formas objetivas, resulte ser para nuestro favor.

No podemos correr de las imágenes que fotografiamos sin cesar en la mente. Esa fotografía de nociones erróneas es exactamente lo hacemos a través del uso de las palabras, cuando utilizamos cualquier forma de lenguaje que no se asemeja con nuestro bienestar.

A medida que nuestros pensamientos se van limpiando y alcanzan planos más elevados, mostramos cada vez más vida. Esto se consigue con mayor habilidad cuando usamos imágenes de palabras que están claramente precisadas y libres de los conceptos adheridos a ellas en los planos menores del pensamiento.

Debemos enunciar nuestros pensamientos con palabras, y si queremos hacer uso de formas de verdad más elevadas debemos usar solamente el material que ha sido cuidadosa e inteligentemente escogido con esta intención.

Este asombroso poder de vestir a los pensamientos en forma de palabras es lo que diferencia al ser humano del resto del mundo animal. A través del uso de la palabra escrita ha sido capaz de mirar atrás a través de los siglos y ver las escenas.

Se le ha autorizado entrar en comunión con los más grandes escritores y pensadores de todos los tiempos. Por lo tanto, el grupo de escritos que tenemos actualmente es la expresión del Pensamiento Universal que ha estado queriendo tomar forma en la mente del Hombre.

Sabemos que el Pensamiento Universal tiene como meta la creación de la forma; sabemos que el pensamiento particular también está intentando perpetuamente expresarse en la forma, y sabemos que la palabra es una representación y que una frase es una mezcla de formas de pensamiento. Por lo tanto, si queremos hacer realidad nuestro ideal de ser bellos o fuertes, tenemos que asentarnos en las palabras a partir de las cuales será creado este santuario sean exactas; debemos concertarlas atentamente, porque la exactitud al construir palabras y frases es la manera más elevada de arquitectura en la civilización y un salvoconducto al triunfo.

Las palabras son pensamientos y, por lo tanto, son un poder impalpable e invulnerable. Finalmente se enunciarán en la forma concreta que se les dé.

Las palabras pueden convertirse en sitios mentales que vivirán para siempre o pueden convertirse en chozas que serán empujadas por la primera brisa. Pueden encantar a la vista y al oído, y pueden contener conocimientos. En ellas hallamos la historia del pasado y la ilusión del futuro; son mensajeras vivas de las que surgen todas las acciones humanas y sobrehumanas.

La belleza del mundo depende de la hermosura del pensamiento; el poder del mundo obedece al poder del pensamiento, y el poder del pensamiento depende de su fuerza. ¿Cómo podemos identificar un pensamiento vital? ¿Cuáles son sus características individuales? Debe de tener un principio. ¿Cómo identificaremos ese principio? Hay un principio de las Matemáticas, pero no hay ninguno del traspié; hay un principio de la salud, pero ninguno del malestar; hay un principio de la verdad, pero ninguno de la inhonestidad; hay un principio de la luz, pero ninguno de la oscuridad, y existe un principio de la abundancia, pero ninguno de la miseria.

¿Cómo podemos saber si esto es indudable? Porque si empleamos correctamente el principio de las Matemáticas estaremos positivos de nuestros resultados. Ahí donde hay salud, no puede existir enfermedad. Si conocemos la Verdad, no podemos ser mentidos por el error. Si dejamos ingresar la luz, no puede haber oscuridad, y donde hay abundancia no puede existir pobreza.

Éstos son hechos ciertos, pero parece que hemos pasado por alto la trascendental verdad de que un principio que sujeta pensamientos es vital; por lo tanto, contiene vida y, como resultado, echará raíces. Tarde o temprano, pero con convicción, acabará desplazando a los pensamientos negativos, los cuales, por su esencia misma, no pueden aguantar ninguna vitalidad.

Es un hecho que te admitirá destruir toda forma de discordia, carencia y restricción. No puede haber ninguna duda de que quien sea "lo suficientemente inteligente para entender" reconocerá rápidamente que el poder creador del pensamiento pone en sus manos un arma invulnerable y lo convierte en el dueño de su destino.

En el mundo físico existe una ley de compensación que dice que "la aparición de una cuantía dada de energía en cualquier lugar simboliza la disipación de la misma cantidad en otra parte". De modo que revelamos que sólo podemos alcanzar aquello que damos. Si nos comprometemos con una establecida acción, debemos estar preparados para ocupar la responsabilidad del perfeccionamiento de dicha acción. El subconsciente no puede razonar. Nos lleva a nuestro mundo; hemos solicitado algo y ahora vamos a tomarlo; hemos hecho nuestra cama y ahora debemos acostarnos en ella; la suerte está echada; los hilos tejerán el diseño que hemos elaborado. Por este motivo, se debe adiestrar la Perspicacia, para que el pensamiento que alojemos no contenga ningún germen mental, moral o físico que no queramos que se materialice en nuestras vidas.

LA LLAVE MAESTRA

La Perspicacia es una autoridad de la mente, con la cual podemos examinar los hechos y los sucesos desde la distancia; es una especie de telescopio que nos consiente a comprender las dificultades, así como las posibilidades, en cualquier sociedad.

La Perspicacia nos deja estar preparados para los obstáculos que podemos hallar. Por lo tanto, podemos superarlos antes de que tengan la ocasión de causarnos dificultades.

La Perspicacia nos permite planear con ventaja y llevar nuestros pensamientos y nuestra vigilancia por la dirección correcta, en lugar de llevarlos por conductos que no pueden darnos ninguna condecoración.

La Perspicacia es, por lo tanto, definitivamente esencial para el progreso de cualquier gran logro, y con ella podemos ingresar en cualquier campo mental, examinarlo y poseerlo.

La Perspicacia es un producto del mundo interior y se despliega en el silencio, a través de la concentración.

Para el ejercicio de esta semana, centralízate en la Perspicacia. Adopta tu posición usual y concentra el pensamiento en el hecho de que conocer el poder creador del pensamiento no envuelve poseer el arte de pensar. Deja que el pensamiento recapacite sobre el hecho de que el discernimiento no se aplica a sí mismo; de que nuestros actos no están regidos por el discernimiento, sino por la costumbre, el precedente y el hábito. De que la única forma en que podemos aplicar el conocimiento es mediante un brío consciente decidido.

Recuerda el hecho de que el conocimiento que no se esgrime desaparece de la mente, que el costo de la información está en la aplicación del principio. Sigue por esta línea de pensamiento hasta que tengas la penetración bastante como para formular un programa definido para aplicar este principio a tu propio problema personal.

LA LLAVE MAESTRA

Estudia las preguntas y sus respuestas:

141. ¿Qué es lo que establece el grado de armonía que alcanzamos?

Nuestra capacidad de apropiarnos de lo que necesitamos para nuestro crecimiento a partir de cada práctica.

142. ¿Qué muestran las dificultades y los obstáculos?

Que son precisos para nuestra sabiduría y nuestro crecimiento espiritual.

143. ¿Cómo se pueden evitar estas dificultades?

A través de una comprensión consciente de las Leyes Naturales y una cooperación con ellas.

144. ¿Cuál es el principio por el cual el pensamiento se expresa en la forma?

La Ley de Atracción.

145. ¿Cómo se logra el material necesario para que el crecimiento, el perfeccionamiento y la madurez de una idea tomen forma?

La ley del amor, que es el principio creador del Universo, imparte fuerza al pensamiento, y la ley de atracción atrae la sustancia precisa a través de la ley del crecimiento.

146. ¿Cómo se obtienen las circunstancias deseables?

Alojando únicamente pensamientos deseables.

147. ¿Cómo se originan las circunstancias no deseables?

Pensando, interpretando y visualizando todo tipo de circunstancias de escasez, limitación, enfermedad, desarmonía y discrepancia. Esta fotografía mental de ideas erradas es asumida por el inconsciente, y la ley de atracción la cristaliza inevitablemente trayéndola a la forma objetiva. El dicho de que recolectamos lo que sembramos es científicamente exacto.

148. ¿Cómo podemos superar todo tipo de miedo, privación, limitación, pobreza y desavenencia?

Sustituyendo el error con el principio.

149. ¿Cómo podemos registrar este principio?

Dándonos cuenta conscientemente del hecho de que la Verdad arruina, invariablemente, al error. No tenemos que expulsar diligentemente la oscuridad; lo único ineludible es encender la luz. El mismo principio se emplea a toda forma de pensamiento negativo.

150. ¿Cuál es el costo de la Perspicacia?

Nos permite intuir el valor de aplicar los conocimientos que conseguimos. Muchas personas parecen pensar que esos conocimientos se emplearán automáticamente a sí mismos, lo cual no es, en absoluto, verdad.

Capítulo XVI

Las acciones vibratorias del Universo planetario están gobernadas por la ley de periodicidad. Todo lo que existe tiene períodos de nacimiento, crecimiento, producción y declive. Estos períodos están regidos por la Ley del Siete.

La Ley del Siete rige los días de la semana, las fases de la luna, lar armonías del sonido, la luz, la electricidad el magnetismo y la organización atómica. Administra la vida de las personas y de las patrias, y domina las acciones del mundo comercial.

La vida es crecimiento, y el crecimiento es cambio. Cada etapa de siete años nos transporta a un nuevo ciclo. Los primeros siete años son el ciclo de la infancia. Los siguientes siete años son el ciclo de niñez, representando el inicio de La responsabilidad personal. Los siguientes siete simbolizan el período de la adolescencia. El cuarto ciclo marca la consecución del pleno desarrollo. El quinto período es el período provechoso, cuando las personas comienzan a obtener propiedades, patrimonio, una casa y una familia. El siguiente, de los 35 a los 42, es un período de reacciones y renovaciones, y éste, a su vez, es seguido por un período de restauración, reajuste y redención, para estar preparados para un nuevo ciclo de siete, recomenzando por el decimoquinto año.

Muchas personas opinan que el mundo está apunto de entrar en el sexto período; que pronto ingresará en el séptimo, el período de reajuste, de reconstrucción y armonía, el período al que se suele citar el Milenio.

Los que estén acostumbrados a estos periodos no se alteraran cuando parezca que las cosas van incorrectamente, pero pueden emplear el principio explicado en estas lecciones con la plena certeza de que una ley superior vigilará invariablemente a todas los demás seres y que, a través de una comprensión y un manejo consciente de las leyes espirituales, logramos convertir todo aparente problema en una bendición.

La riqueza es un fruto del trabajo. El capital es un efecto, no una causa; un asistente, no un amo; un medio, no un fin. La ilustración de riqueza más usualmente aceptada es que se compone de todas las cosas ventajosas y atractivas que poseen un valor de intercambio. El valor de intercambio es la característica imperiosa de la riqueza.

Cuando reflexionamos sobre la pequeña aportación hecha por la riqueza a la felicidad de quien la tiene, descubrimos que el verdadero valor no consiste en su provecho, sino en su intercambio. Este valor de intercambio la convierte en un medio para obtener las cosas de valor real con las que podemos adquirir nuestros ideales. La riqueza, entonces, nunca debería ser anhelada como un fin, sino simplemente como un medio para conseguir un fin.

LA LLAVE MAESTRA

El éxito depende de un ideal más alto que la mera reserva de riquezas, y quien aspira a ese éxito debe expresar un ideal por el que esté dispuesto a esforzarse. Con un ideal así en mente, las vías y los medios pueden y deben ser suministrados, pero uno no debe cometer el error de sustituir el fin por el medio. Debe haber una meta fija, definida; un ideal.

Prentice Mulford dijo: "El hombre de triunfo es el hombre que tiene la mayor comprensión espiritual, y toda gran riqueza proviene de un poder superior y realmente espiritual". Infelizmente, hay quienes no buscan ese poder; olvidan que la madre de Andrew Carnegie tuvo que socorrer a su familia cuando llegaron a Norteamérica, que el padre de Arriman era un clérigo necesitado con un salario de sólo *200* dólares anuales, que sir Thomas Lipton emprendió con sólo 25 centavos. Estos hombres no tenían otro poder en el que encomendarse, pero no les falló. El poder de crear depende absolutamente del poder espiritual. Hay tres pasos: idealización, visualización y realización. Cada gran industrial depende únicamente de este poder.

"¿Realmente visualizaste para ti toda la condición? Quiero decir, ¿cerraste los ojos, o pudiste cerrarlos, y percibiste las vías? ¿Y a los trenes andando? ¿Y oíste el sonido de los silbatos? ¿Fuiste tan lejos?" "Sí" "¿Con qué claridad?" "Muy claramente". Aquí poseemos una visión de la ley, vemos "causa y efecto", vemos que el pensamiento precede forzosamente a la acción y la determina. Si somos inteligentes, nos daremos cuenta del increíble hecho de que ninguna ocurrencia arbitraria puede coexistir ni por un momento y que la práctica humana es el resultado de una secuencia establecida y armoniosa.

La persona de negocios de éxito suele ser un soñador y siempre está batallándose por lograr niveles cada vez más altos. Las fuerzas de pensamiento tenues tal como se cristalizan en nuestros momentos de ánimo diarios son lo que compone la vida.

El pensamiento es el material flexible con el que creamos imágenes de nuestra idea progresiva de la vida. El uso determina su existencia. Como en todas las otras cosas, nuestra capacidad de inspeccionarlo y usarlo apropiadamente es la condición precisa para el éxito.

La riqueza precoz no es más que la predecesora de la humillación y el desastre, porque no podemos inmovilizar permanentemente nada que no logremos o que no nos hayamos ganado.

Las condiciones que nos topamos en el mundo exterior se corresponden con las circunstancias que encontramos en el mundo interior. Esto es emanado por la ley de atracción. ¿Cómo, entonces, determinaremos qué es ingresar en el mundo interior?

Cualquier cosa que ingrese en la mente a través de los sentidos o de la mente objetiva conmoverá a la mente y tendrá como secuela una imagen mental que se convertirá en un modelo para los bríos creativos. Estas prácticas son, en gran medida, secuela del entorno, del azar, de los pensamientos del pasado y de otras representaciones de pensamiento negativo, que deben ser examinadas detenidamente antes de ser alojadas. Por otro lado, podemos constituir nuestras propias imágenes mentales a través de nuestros propios procesos de pensamiento interiores, autónomamente de los pensamientos de los demás, de las circunstancias externas y de cualquier tipo de entorno. Y es a través del ejercicio de este poder que conseguimos controlar nuestro destino, nuestro cuerpo, nuestra mente y nuestra alma.

A través del ejercicio de este poder quitamos nuestro destino de las manos del azar y creamos sensatamente, para nosotros mismos, las experiencias que queremos, porque si descubrimos conscientemente una condición, esa condición acabará revelándose en nuestras vidas. Por lo tanto, es cierto que, en el último análisis, el pensamiento es la única gran fuente en la vida. Por lo tanto, inspeccionar el pensamiento es inspeccionar las circunstancias, las condiciones, el contexto y el destino.

¿Cómo podemos vigilar, entonces, nuestros pensamientos? ¿Cuál es el proceso? Pensar es crear un pensamiento, pero el efecto del pensamiento dependerá de su forma, su carácter y su energía. La forma dependerá de las efigies mentales de las que proceda, lo cual dependerá de la profundidad de la impresión, la superioridad de la idea, la claridad de la visión y la audacia de la imagen. La manera depende de su sustancia, y ésta del material del que se compone. Si este material ha sido tejido con pensamientos de energía, pujanza, valentía y osadía, el pensamiento tendrá esas cualidades.

Y, por último, la fuerza depende del sentimiento con el que se impregna al pensamiento. Si el pensamiento es provechoso, tendrá vitalidad, tendrá vida, se desarrollará, se desplegará, se expandirá, será creativo; atraerá todo lo preciso para su progreso completo. Si el pensamiento es destructor, tendrá en su interior el origen de su propia disolución. Sucumbirá, pero en el proceso de morir traerá debilidad, malestar y todas las demás representaciones de discordia. A esto le llamamos el "mal" y, cuando lo atraemos hacia nosotros, algunos estamos preparados a atribuir nuestros problemas a un Ser Supremo. Pero este ser supremo es, puramente, la Mente en equilibrio. No es bueno ni malo; sencillamente es. Nuestra capacidad de transferirlo a la forma es nuestra capacidad de exteriorizar el bien o el mal.

El bien y el mal no son, por lo tanto, formas. Son, sencillamente, palabras que utilizamos para indicar el efecto de nuestros actos, y estos actos, a su vez, están establecidos por el carácter de nuestros pensamientos.

Si nuestros pensamientos son provechosos y armoniosos, mostramos el bien. Si son destructores y discordantes, mostramos el mal.

LA LLAVE MAESTRA

Si quieres visualizar un entorno distinto, el proceso reside simplemente en conservar un ideal en la mente hasta que la visión se haga realidad. No consagres ningún pensamiento a personas, partes o cosas, pues no tienen terreno en lo absoluto. El contexto que tú desees contendrá todo lo preciso: las personas y las cosas apropiadas llegarán en el momento y en el lugar apropiado. A veces no está claro cómo el carácter, la destreza, el logro, el éxito, el ambiente y el destino pueden ser vigilados mediante el poder de la visualización, pero éste es un hecho científico puntual.

Verás que lo que pensamos establece la cualidad de la mente, y la cualidad de la mente, a su vez, establece nuestra destreza y capacidad mental. Puedes concebir que la mejora de nuestra pericia venga seguida consecuentemente de un acrecentamiento de los logros y un mayor examen de las circunstancias.

Así, se verá que las Leyes Naturales marchan de una forma afinadamente natural y armoniosa; parece que todo "simplemente ocurre". Si quieres alguna prueba de este hecho, confronta los efectos de tus energías en tu propia vida, cuando tus hechos fueron impulsados por ideales enaltecidos y cuando tuviste motivaciones egoístas u escondidos en tu mente. No requerirás más pruebas.

Si deseas revelar la ejecución de cualquier deseo, forma una imagen mental del éxito en tu mente, imaginando conscientemente tu deseo. De este modo estarás asignando el éxito, estarás manifestándolo en tu vida a través de los métodos científicos.

Sólo podemos ver lo que ya está en el mundo imparcial, pero lo que visualizamos ya coexiste en el mundo espiritual, y esa visualización es una pauta sustancial de lo que un día surgirá en el mundo objetivo si somos devotos a nuestro ideal.

Los psicólogos han llegado a la solución de que sólo hay un sentido, el sentido del sentimiento, y que todos los otros sentidos no son más que reformas de éste único sentido. Puesto que esto es positivo, sabemos por qué el sentimiento es la partida misma del poder, por qué las emociones son tan sencillamente intervenidas por el intelecto y por qué debemos agregar sentimiento a nuestros pensamientos si pretendemos tener resultados. El pensamiento y el sentimiento son una mezcla irresistible.

Positivamente, la visualización debe ser gobernada por la voluntad. Debemos visualizar puntualmente lo que deseamos; debemos tener cuidado de no dejar que la utopía se desmadre. La ilusión es una buena asistenta, pero con un mal amo, y si no es fiscalizada, puede llevarnos fácilmente a todo tipo de teorías y desenlaces que no tienen ninguna base o cimiento en la realidad.

Es muy posible que todo tipo de acuerdos plausibles sean aceptados sin ningún examen ordenado, y que el efecto ineludible sea el caos mental. Por lo tanto, debemos erigir solamente imágenes mentales que sean científicamente seguras. Somete cada idea a un estudio profundo y no admitas nada que no sea científicamente fiel. Cuando lo hagas, sólo pretenderás aquello que sabes que puedes llevar a cabo y el éxito perfeccionará tus esfuerzos. Esto es lo que los hombres de negocios llaman previsión: es algo muy parecido a la sagacidad y es uno de los mayores secretos del triunfo en todas las decisiones importantes.

Para el entrenamiento de esta semana, pretende darte cuenta del hecho de que la armonía y bienestar son estados de conciencia y que no dependen de la posesión de cosas; de que las formas son efectos y llegan como secuela de los estados mentales correctos. De manera que, si queremos poseer cualquier tipo de propiedad material, nuestra principal ansiedad debería ser lograr la actitud mental que producirá el resultado apetecido. Esta actitud mental se motiva por la toma de conciencia de nuestra naturaleza espiritual y nuestra unidad con la Mente Universal que es la sustancia de todos los objetos.

Darnos cuenta de esto hará que se realice todo lo necesario para nuestro regocijo integral. Éste es un pensamiento científico correcto. Cuando logramos adoptar esta actitud mental es relativamente fácil ver nuestro anhelo como algo que ya hemos logrado. Cuando podamos hacerlo, habremos hallado la Verdad que nos libera de todo tipo de faltas o limitaciones.

LA LLAVE MAESTRA

Estudia las preguntas y sus respuestas:

15 1. ¿De qué depende la riqueza?

De la comprensión de la naturaleza creadora del pensamiento.

152. ¿En qué reside su verdadero valor?

De su valor de intercambio.

1 53. ¿De qué depende el éxito?

Del poder espiritual.

154. ¿De qué depende este poder?

De su uso; el uso establece su existencia.

155. ¿Cómo podemos despojar nuestro destino de las manos del azar?

Sabiendo sensatamente las circunstancias que deseamos ver manifestadas en nuestras vidas.

156. ¿Cuál es, entonces, el gran negocio de la vida?

Pensar.

157. ¿Por qué?

Porque el pensamiento es espiritual y, por ende, es creador. Vigilar conscientemente el pensamiento es, por lo tanto, controlar las ocurrencias, las condiciones, el contexto y el destino.

158. ¿Cuál es la fuente de todo mal?

El pensamiento destructor.

159. ¿Cuál es la fuente de todo bien?

El pensamiento científico correcto.

160. ¿Qué es el pensamiento científico?

Un reconocimiento de la naturaleza creadora de la energía espiritual y nuestra capacidad de intervenirla.

Capítulo XVII

El tipo de deidad que una persona venera, consciente o inconscientemente, Muestra su estado pensador. Pregúntale a un indio sobre Dios y te narrará a un poderoso cacique de una tribu gloriosa. Pregúntale a un pagano sobre Dios y te hablará de un dios del fuego, un dios del agua, un dios de esto y de aquello. Pregúntale a un judío sobre Dios y te hablará del Dios de Moisés, que consideró pertinente regir con medidas coactivas; de ahí los Diez Mandamientos. Los llamados paganos hacían «ídolos» de sus dioses, a los que estaban habituados a adorar, pero, al menos para los más perspicaces, esas imágenes eran tan sólo lujos con los que se podían concentrar mentalmente en las maneras que deseaban exteriormente en sus vidas.

Nosotros, en el siglo XXI, en teoría, adoramos a un Dios, pero en la práctica fundamos para nosotros los mismos ídolos de la "Riqueza", el "Poder", la "Moda", los "Hábitos y los Convencionalismos".

"Caemos de rodillas" ante ellos y los adoramos. Nos atañamos a ellos y, en resultado, se exteriorizan en nuestras vidas.

El estudiante que domine los contenidos del Capítulo Diecisiete no enredará los símbolos con la realidad; se interesará por las causas, en lugar de interesarse por los efectos. Se centralizará en las realidades de la vida y no se desilusionará con los resultados.

Se nos dice que el ser humano tiene "mando sobre todas las cosas". Este señorío se instituye a través de la Mente. El pensamiento es la actividad que vigila todos los principios que rige. El principio más alto, por razón de su propiedad y caracteres superiores, determina necesariamente las ocurrencias, los aspectos y la correlación de todo aquello con lo que entra en empalme. Las vibraciones de las potencias mentales son las más puras y, en consecuencia, las mejores que hay. Para quienes descubren la naturaleza y la derivación de la fuerza mental, todo el poder físico se torna intrascendente.

Estamos habituados a ver el Universo con la lente de los cinco sentidos. A partir de esas prácticas se producen nuestros conceptos antropomórficos, pero los auténticos conceptos sólo se logran con la inteligencia espiritual. Esta inteligencia requiere una aceleración de las vibraciones de la Mente, y sólo se alcanza cuando la mente está incesablemente concentrada en una orientación dada.

La concentración continua simboliza un fluir parejo, inacabable, del pensamiento y es el efecto de la paciencia, la constancia, la firmeza y un sistema bien regulado.

LA LLAVE MAESTRA

Los grandes descubrimientos son el efecto de una indagación larga y extendida. La ciencia de las matemáticas solicita años de esfuerzo concentrado para dominarla, y la ciencia más grandiosa (la de la Mente) se dejar ver únicamente a través del brío concentrado.

Con mucha asiduidad, la concentración no se concibe correctamente. Parece haber una idea de energía o actividad relacionada a ella, cuando lo que se precisa es exactamente lo contrario. La grandeza de un actor mora en el hecho de que se olvida de sí mismo al descifrar a su personaje, igualándose tanto con él que el público es obligado por el realismo de la acción. Esto te dará una buena idea de la genuina concentración: deberías estar tan interesado en tu pensamiento, tan abstraído en tu tema, que no eres sensato de nada más. Una concentración así lleva a la percepción instintiva y a la inmediata perspicacia de la naturaleza de aquello en lo que uno se está concentrando.

Todo conocimiento es el efecto de este ejemplo de concentración. Es así como se han elaborado los secretos del Cielo y la Tierra; es así como la mente se torna en un imán y el anhelo de conocer trae el conocimiento, lo atrae indomablemente y lo hace tuyo.

El deseo es, en gran parte, instintivo. El deseo sensato rara vez se da cuenta de su esencia cuando éste está hiera de su alcance inmediato. El deseo inconsciente despierta las facultades potenciales de la mente y los problemas dificultosos parecen solucionarse solos.

Mediante la concentración, la mente subconsciente puede ser avivada, llevada a la acción en cualquier orientación y puesta a nuestro servicio para cualquier intención. La destreza de la concentración requiere un control del ser físico, mental y psíquico; todas las particularidades de conciencia, ya sean físicas, mentales o psíquicas, deben estar bajo registro.

La Verdad Espiritual es, por lo tanto, el agente controlador. Es lo que te admitirá superar el éxito limitado y alcanzar a un punto en el que eres capaz de convertir las particularidades de pensamiento en representación y conciencia.

Concentración no representa meramente pensar, sino que es la transmutación de dichos pensamientos en valores expertos. La persona corriente no tiene ni idea del significado del término concentración. Siempre está la petición de "tener", pero nunca la petición de "ser" LA persona no llega a entender que no puede poseer una cosa sin la otra, que primero debe hallar el "reino" para poder obtener las cosas afianzadas. El entusiasmo transitorio no tiene ningún valor; sólo se logra el objetivo si se tiene una seguridad enorme en uno mismo.

LA LLAVE MAESTRA

Es posible que la mente instale el ideal un poco demasiado alto y no llegue a lo determinado; es posible que intente enaltecerse con alas inexpertas y que, en lugar de remontarse, caiga a la Tierra; pero no es impulso para dejar de hacer otro ensayo.

La extenuación es la única barricada para el logro mental. Atribuye tu debilidad a restricciones físicas o a vacilaciones mentales y vuelve a intentarlo. La habilidad y la perfección se logran con la repetición. El astrónomo concentra su mente en las estrellas y ellas le conceden sus secretos; el geólogo concentra su mente en la formación de la tierra y tenemos la geología, y así sucede con todas las cosas. Las personas centran sus mentes en los inconvenientes de la vida y el efecto es indudable en el vasto y complicado orden del día social.

Todos los revelamientos y logros mentales son el efecto de la suma de anhelo y concentración. El anhelo es la representación de acción más fuerte; cuanto más perseverante sea el deseo, más imperiosa será la revelación. El deseo agregado a la concentración le erradicará cualquier secreto a la naturaleza. Al ejecutar grandes pensamientos, al experimentar grandes emociones que se conciernen con grandiosos pensamientos, la mente está en un estado en el que estima el valor de las cosas más elevadas.

La intensidad de la concentración seria de un instante y el penetrante anhelo de convertirte y lograr algo puede transportarte más lejos que varios años de esfuerzo estándar, lento y forzado. Destrozará los barrotes de la prisión de la desconfianza, la debilidad, la incapacidad y el desprecio de ti mismo, y llegarás a tomar conciencia de la dicha del progreso.

El espíritu de decisión y originalidad se despliega mediante la perseverancia y la persistencia del esfuerzo mental. Los negocios nos enseñan el precio de la concentración y favorecen el carácter decidido; desarrollan la apreciación práctica y la rapidez de conclusión. El elemento mental en toda actividad comercial es imperioso como el factor de control, y el deseo es la fuerza preponderante. Todas las relaciones comerciales son la manifestación de un deseo. Muchas de las virtudes sólidas y sustanciales se despliegan en el trabajo comercial; la mente se estabiliza y es dirigida; se vuelve eficiente. La principal necesidad es la de fortificar la mente para que se eleve por encima de las diversiones y los impulsos subversivos de la vida instintiva. De este modo, uno supera con triunfo el conflicto entre el "yo" superior y el inferior.

Todos nosotros somos aparatos, pero la máquina por sí sola no es nada: la mente debe hacerla trabajar. Entonces se torna útil y su energía puede ser reunida claramente. La vibración es la labor del pensamiento, es la que busca y atrae el material preciso para construir y crear. No hay nada secreto en el poder del pensamiento. La concentración sencillamente implica que la conciencia puede ser concentrada hasta el punto en que se identifica con el objeto de su cuidado. Del mismo modo que la comida es atraída por la esencia del cuerpo, también la mente absorbe al objeto de su atención, proporcionándole vida y existencia.

Si te concentras en algún argumento importante, el poder instintivo se pondrá en funcionamiento y te llegará auxilio en forma de información, lo cual te llevará al éxito.

La percepción llega a determinaciones sin la ayuda de la experiencia o la memoria. A menudo, la percepción soluciona problemas que están fuera del alcance del poder de razonamiento. Con reiteración, la intuición llega de una forma tan súbita que resulta sorprendente, revelándonos la verdad que estamos indagando de una manera tan directa que parece venir de un poder superior. La percepción se puede cultivar y desplegar, pero para hacerlo debemos examinarla y apreciarla. Si le damos una bienvenida real al visitante inconsciente cuando llega, entonces retornará. Cuanto más amable sea la bienvenida, más frecuentes serán sus visitas, pero si es escondido o desatendido, sus visitas serán cada vez menos y distanciadas. Usualmente, la percepción llega en el silencio. Las grandes mentes buscan la soledad con costumbre, pues es ahí donde se enmiendan los grandes problemas de la vida. Por esta razón, todas las personas que se consagran a los negocios que pueden admitirse un despacho privado donde nadie los incomoda, lo tienen. Si no puedes admitirte un despacho privado, al menos debes encontrar algún lugar donde logres estar a solas durante unos minutos todos los días, para entrenar el pensamiento en una orientación que te permita desplegar ese poder invencible que es preciso alcanzar.

Recuerda que, esencialmente, el subconsciente es omnipotente; no hay término a las cosas que se pueden fundar cuando se le da el poder de actuar. Tu aptitud de éxito está instituida por la naturaleza de tu deseo. Si la naturaleza de tu ansia está en armonía con la Ley Natural o la Mente Universal, gradualmente emancipará a la mente y te suministrará una valentía invencible.

Cada dificultad conquistada, cada gloria ganada, te suministrará más fe en tu poder y tendrás una mayor cabida para ganar. Tu fuerza está establecida por tu actitud mental. Si esta actitud es de triunfo y la conservas permanentemente con un objetivo inquebrantable, atraerás hacia ti, desde el reino de lo impalpable, las cosas que solicitas silenciosamente.

Al conservar el pensamiento en tu mente, éste irá logrando gradualmente una forma perceptible. Un resultado claro pone en movimiento a las causas, las cuales surgen al mundo invisible y encuentran el material forzoso para servir a tu objetivo. Es viable que estés investigando símbolos de poder, en lugar del poder en sí mismo. Es viable que estés buscando la gloria en lugar del honor, posesiones caras en lugar de la riqueza, enfoque en lugar de servidumbre. En cualquier caso, revelarás que se reducen a cenizas justo cuando las obtienes.

La riqueza o posesión precoz no puede ser almacenada porque uno no se la ha ganado. Sólo obtenemos lo que damos, y quienes intentan adquirir algo sin conceder nada a cambio siempre descubren que la ley de la indemnización está originando implacablemente un equilibrio exacto. Usualmente, la carrera ha sido por el dinero y por otros simples símbolos de poder, pero con una perspicacia de la verdadera fuente de poder podemos consentirnos ignorar los símbolos. La persona que tiene una gran cuenta bancaria cree innecesario colmarse los bolsillos de oro; lo mismo sucede con la que ha hallado la auténtica fuente de poder: ya no está interesada en sus imposturas o pretensiones.

Normalmente, el pensamiento lleva hacia fuera, en orientaciones evolutivas, pero puede ser encaminado hacia dentro, donde atraerá los principios básicos de las cosas, el núcleo de las cosas, el espíritu de las cosas. Cuando llegas al corazón de las cosas, es comparativamente fácil percibirlas y mandar sobre ellas.

Esto se debe a que el Espíritu de una entidad es la cosa en si misma, la parte esencial de ella, su verdadera sustancia. La forma es puramente la expresión externa de la actividad espiritual interior. Para tu instrucción de esta semana, centralízate todo lo que puedas, siguiendo el método descrito en este capítulo. No permitas que haya ningún esfuerzo sensato o actividad asociada a tu finalidad. Relájate completamente, obvia cualquier pensamiento de angustia relacionado con los efectos. Recuerda que el poder llega a través del sosiego. Deja que el pensamiento se recree en tu esencia, hasta que se identifique totalmente con ella, hasta que no seas consciente de nada más. Si deseas descartar el miedo, concéntrate en la valentía. Si deseas descartar la escasez, concéntrate en la abundancia. Si deseas descartar la enfermedad, concéntrate en la salud. Concéntrate siempre en el ideal como si fuera una situación ya existente: ésta es la célula germen, el inicio de vida que sale adelante y pone en movimiento a esas causas que guían, gobiernan y producen la ineludible relación, que acabará manifestándose en la forma.

LA LLAVE MAESTRA

Estudia las preguntas y sus respuestas:

161. ¿Cuál es el verdadero procedimiento de concentración?

Identificarte tanto con el ente de tu pensamiento que ya no seas consciente de nada más.

162. ¿Cuál es el efecto de este método de concentración?

Se ponen en movimiento unas fuerzas impalpables que crean irresistiblemente sucesos que se corresponden con tus pensamientos.

163. ¿Cuál es el agente de control en este método de pensamiento?

La Verdad Espiritual.

164. ¿Por qué?

Porque la naturaleza de nuestro anhelo debe estar en armonía con la Ley Natural.

165. ¿Cuál es el importe práctico de este procedimiento de concentración?

El pensamiento se convierte en carácter, y el carácter es el imán que establece el entorno del individuo.

166. ¿Cuál es el agente de control en toda actividad comercial?

El elemento mental.

167. ¿Por qué?

Porque la Mente es la que rige y crea todas las formas y todos los sucesos que tienen lugar en la forma.

168. ¿Cómo trabaja la concentración?

A través del desarrollo de los dominios de la inteligencia, la sabiduría, la intuición y la perspicacia.

169. ¿Por qué es la intuición superior a la razón?

Porque no depende de la práctica ni de la memoria, y con frecuencia nos suministra la solución a nuestros problemas a través de métodos que olvidamos del todo.

170. ¿Cuál es el efecto de perseguir el símbolo de la realidad?

Que a menudo se convierten en cenizas cuando los logramos, porque el símbolo es solamente la representación exterior de la actividad espiritual interior. Por lo tanto, a menos que tengamos la realidad espiritual, la forma se esfuma.

Capítulo XVIII

Para poder desarrollarse debemos alcanzar aquello que necesitamos para nuestro crecimiento. Esto nos llega por la ley de atracción. Este principio es el único medio por el cual el sujeto se diferencia de lo Universal. Piensa por un instante: ¿Qué sería un hombre si no fuera un esposo, un progenitor o un hermano, si no estuviera interesado en el mundo social, económico, político o religioso? No sería nada más que un yo abstracto teórico. Por ende, se halla únicamente en su correlación con el todo, en su relación con otras personas, en trato con su sociedad. Esta relación forma su entorno y de ninguna otra condición.

Es indudable, por lo tanto, que el individuo es simplemente la diferenciación de la única Mente Universal que enciende a cada persona que llega al mundo y su llamada singularidad o personalidad no consiste más que en la representación en que se relaciona con el todo.

A esto le llamamos su medio ambiente y es expresado por la ley de atracción. El capítulo, que viene a continuación, tiene más que explicar sobre esta importante ley.

Se está originando un cambio en el pensamiento mundial. Este cambio está teniendo lugar quedamente entre nosotros y es más importante que cualquier cambio que haya ejercitado el mundo desde la caída de la idolatría.

Esta revolución actual en las sentencias de las personas, de nivel más alto y más culto así como de clase trabajadora, no tiene comparación en la historia del mundo.

Recientemente la ciencia ha hecho tantos revelamientos, ha revelado una infinidad tan colosal de recursos, ha desenmascarado unas posibilidades tan enormes y unas fuerzas tan inesperadas, que los científicos dudan cada vez más en aseverar ciertas teorías como algo establecido y fuera de vacilación, o en negar otras teorías por ilógicas o imposibles.

Está brotando una nueva civilización; hábitos, credos y antecedentes están quedando atrás; la perspectiva, la fe y el servicio están ocupando su lugar. Los grilletes de la práctica se están disolviendo en la humanidad y, mientras las corrupciones del materialismo son consumidas, el pensamiento se está redimiendo y la verdad se está elevando, totalmente vestida, ante una multitud atónita.

El mundo entero está en la proximidad de una nueva conciencia, un nuevo poder y una nueva actuación dentro del ser.

La ciencia física ha determinado la materia en moléculas, las moléculas en átomos y los átomos en energía. Ha sido J. A. Fleming quien, en un discurso ante la Royal Institution, ha decidido esta energía en mente. Dice: "En su esencia esencial, la energía puede ser incomprensible para nosotros, menos como una exhibición del funcionamiento directo de eso que llamamos Mente o Voluntad".

Y esta mente es interior y esencial. Es notable y fundamental.

Es el Espíritu sustentador, energizante, omnipresente del Universo. Todo ser vivo debe ser mantenido por esta Inteligencia omnipotente, y revelamos que la diferencia entre las vidas particulares se mide, en gran parte, por el grado que muestran de esta inteligencia. Una mayor inteligencia instala al animal en una escala superior de la coexistencia que la planta, y al ser humano por arriba del animal.

Expresamos que esta inteligencia progresiva está enseñada, una vez más, por el poder del sujeto de controlar las maneras de acción y, de ese modo, acomodarse conscientemente a su ambiente. Es esta acomodación la que ocupa la curiosidad de las más grandes mentes, y no reside más que en el reconocimiento de un mandato existente en la mente universal, porque es bien conocido que la mente nos acata exactamente en la medida en la que nosotros la acatamos primero a ella.

Es el reconocimiento de las Leyes Naturales lo que nos ha autorizado a superar el tiempo y el espacio, encumbrarnos en los aires y hacer que el hierro flote. Cuanto mayor es el nivel de inteligencia, mayor es nuestro reconocimiento de estas Leyes Naturales y mayor es el poder que podemos poseer.

Es el reconocimiento del "yo" como una personalización de esta Inteligencia Universal lo que deja al individuo vigilar aquellas formas de inteligencia que todavía no han conseguido este nivel de auto reconocimiento; no saben que esta Inteligencia Universal está presente en todas las formas listas para ser convocadas a la acción; no saben que ésta reconoce a todas las peticiones y que, por lo tanto, son prisioneras de la ley de su propio ser.

El pensamiento es inventor y el principio en el que se fundamenta la ley es sólido, genuino e inseparable a la naturaleza de las cosas. Sin embargo, este poder creador no se produce en el individuo, sino en lo Universal, que es la partida y la base de toda energía y sustancia. El sujeto es, sencillamente, el canal para la distribución de esta energía. El individuo sólo es el medio por el cual lo Universal causa las diversas combinaciones, cuyo efecto es la formación de fenómenos, los cuales obedecen a la ley de vibración, por la que varios grados de prisa de movimiento en la sustancia original constituyen nuevas sustancias solamente en ciertas proporciones numéricas puntuales.

El pensamiento es el lazo invisible por el cual lo propio entra en comunicación con lo Universal, lo finito con lo Infinito, lo visible con lo Invisible. El pensamiento es el encantamiento con la que el ser humano se convierte en un ser que piensa, sabe, siente y procede. Del mismo modo que el aparato apropiado ha autorizado que el ojo descubra incontables mundos que están a millones de kilómetros de distancia, también el ser humano, con la agudeza adecuada, ha logrado comunicarse con la Mente Universal, la partida de todo poder.

La Comprensión que habitualmente se desarrolla no es más que una "creencia", lo cual no representa nada en absoluto. Los salvajes de las Antillas creen en algo, pero eso no manifiesta nada. La única creencia que posee algún valor es aquella que ha sido puesta a prueba y ha señalado ser una realidad; entonces deja de ser una creencia y se convierte en una Fe o una Verdad viva. Y esta Verdad ha sido puesta a prueba por centenas de miles de personas y se ha desenmascarado que es la Verdad exactamente en simetría a la utilidad del aparato que fue esgrimido.

Una persona no podría intentar localizar estrellas que están a cientos de millones de kilómetros de distancia si no tuviera un telescopio bastantemente potente; por este motivo, la ciencia está continuamente consagrada a erigir telescopios más grandes y más potentes, y es distinguida constantemente por más conocimientos sobre los cuerpos celestes.

De manera que, con el intelecto, los seres humanos están progresando incesablemente en los métodos que utilizan para establecer una comunicación con la Mente Universal y sus eternas posibilidades.

La Mente Universal se expresa en lo objetivo, a través del principio de afinidad que cada átomo tiene por todos los demás átomos, en grados infinitos de energía.

Es a través de este principio de juntar y atraer que las cosas se llegan a agrupar. Este principio tiene una aplicación universal y es el único medio por el cual el objetivo de la existencia se cumple.

La manifestación de crecimiento se ejecuta de una forma muy bella a través de este Principio Universal.

Para crecer debemos alcanzar lo que es fundamental para nuestro crecimiento pero, puesto que en todo instante somos una forma de pensamiento completa, esta condición hace posible que recibamos solamente en la medida en que damos. Por lo tanto, el crecimiento está establecido por la acción recíproca. Decimos que en el plano mental los semejantes se atraen, que las vibraciones mentales responden sólo en la disposición de su armonía vibratoria.

Queda claro, por ende, que los pensamientos de abundancia responderán solamente a pensamientos afines. Se puede ver que la riqueza de la persona es lo que ésta es inherentemente. La dicha interior es el secreto de la atracción de la felicidad exterior.

LA LLAVE MAESTRA

La capacidad de producir es el verdadero arranque de riqueza en la persona. Es por esta razón que quien pone el espíritu en su trabajo sin duda hallará un triunfo ilimitado. Dará y dará interminablemente, y cuanto más dé, más recibirá.

¿Qué contribuyen los grandes financieros de Wall Street, los grandes industriales, los gobernantes, los grandes abogados de empresas, los inventores, los médicos, los escritores, a la suma de prosperidad humana, si no es el poder de su pensamiento?

El pensamiento es la energía con la que la ley de atracción se pone en marcha y que se acaba exteriorizando en la abundancia. La Mente Universal es la Mente o Sustancia paralizada en equilibrio.

Se diferencia tomando representación por nuestro poder de pensar. El pensamiento es la etapa dinámica de la mente. El poder depende de la conciencia del poder. Si no lo utilizamos, lo perderemos, y si no somos conscientes de él, no podemos emplearlo.

El uso de este poder depende de la vigilancia. El nivel de atención determina nuestra capacidad para obtener el conocimiento, que es otra forma de llamar al poder.

Se ha dicho que la atención es la estampilla distintiva del genio. El Desarrollo de la atención depende de la práctica. El estímulo de la atención es el interés. Cuanto mayor es el interés, mayor es la atención; cuanto más grande es la atención, mayores son el interés, la acción y la reacción. Comienza por prestar atención; al poco rato habrás avivado el interés. Ese interés atraerá más atención y esa atención originará más interés, y así repetidamente. Esta práctica te permitirá desarrollar el poder de la atención.

Esta vez, centralízate en tu poder para crear. Investiga la comprensión, la perspicacia; prueba hallar una base lógica para la fe que está en ti. Deja que el pensamiento se recree en el hecho de que el ser humano físico existe, se mueve y tiene su presencia en el aire que sustenta a toda la vida, y que debe respirar para vivir. A continuación, deja que el pensamiento repose en el hecho de que el ser humano espiritual también existe, se mueve y tiene su presencia en una energía más sutil, de la que depende para la vida y en que, del mismo modo que en el mundo físico ninguna vida toma representación hasta que se planta una semilla, y no se puede engendrar ningún fruto superior al de la planta madre. De manara que los efectos que consigas dependerán de tu perspicacia de la ley en los poderosos dominios de la causalidad, la más alto perfeccionamiento de la conciencia humana.

LA LLAVE MAESTRA

Estudia las preguntas y sus respuestas:

171. ¿Cómo se calcula la diferencia entre las vidas individuales?

Por el grado de inteligencia que muestran.

172. ¿Cuál es la ley por la cual el sujeto puede intervenir en otras formas de inteligencia?

El reconocimiento del "yo" como una identificación de la Inteligencia Universal.

173. ¿Dónde se ocasiona el poder creador?

En lo Universal.

174. ¿Cómo establece el Universo la forma?

Por medio del individuo.

175. ¿Cuál es el vínculo de enlace entre el individuo y lo Universal?

El pensamiento.

176. ¿Cuál es el principio por el cual se consiguen los medios de la existencia?

La ley del amor.

177. ¿Cómo llega este principio a su expresión?

Por la ley del crecimiento.

178. ¿De qué situación depende la ley del crecimiento?

De la acción recíproca. La persona está completa en todo momento y esto hace posible que reciba sólo en la medida en que da.

179. ¿Qué es lo que proporcionamos?

Pensamiento.

180. ¿Qué recibimos?

Pensamiento, que es sustancia en equilibrio y que está siendo diferenciado interminablemente en la forma por lo que pensamos.

Capítulo XIX

El miedo es una enérgica forma de pensamiento. Detiene los centros nerviosos, afectando así a la circulación de la sangre. Esto, a su vez, detiene al sistema muscular, de modo que el miedo afecta a todo el ser, al cuerpo, el cerebro y los nervios físicos, mentales y musculares.

Positivamente, la forma de superar el temor es siendo conscientes del Porqué es esa secreta fuerza vital a la que llamamos poder. No lo sabemos, pero, para tal tema, tampoco sabemos qué es la electricidad. Pero sabemos que si nos concertamos a los requisitos de la ley que rige a la electricidad, ésta será nuestra dócil sirvienta; que iluminará nuestros hogares, nuestras ciudades, hará trabajar nuestra maquinaria y nos servirá de muchas formas rentables.

Lo mismo sucede con la fuerza vital. Aunque no sabemos lo que es, y Seguramente nunca lo sepamos, sabemos que es una fuerza fundamental que se expresa a través de los cuerpos vivos, y que si cumplimos las leyes y los principios que la rigen podemos abrirnos a una puerta más exuberante de esa energía vital y, así, formular el grado más elevado posible de energía mental, íntegra y espiritual.

Este capítulo habla de una manera muy fácil de desplegar esta fuerza vital. Si pones en práctica la investigación diseñada en esta lección, pronto desarrollarás un sentido del poder que ha sido eternamente la marca individual del genio.

La investigación de la verdad ya no es una contingencia peligrosa, sino que es un proceso metódico, y su ejercicio es lógico. Todos los tipos de experiencias hallan expresión al dar forma a su resolución. Al indagar en la verdad estamos inquiriendo una causa primordial.

Sabemos que toda experiencia humana es un resultado; entonces, si podemos buscar la causa y expresamos que podemos vigilarla conscientemente, el efecto o la experiencia estarán igualmente bajo nuestro control. Entonces, la práctica humana ya no será una pelota del destino; el ser humano no será el retoño de la fortuna, sino el destino. El destino y la fortuna serán vigilados con la misma habilidad con que un capitán controla su barco, o un maquinista su tren.

Posteriormente, todas las cosas pueden solucionarse en el mismo elemento y, puesto que se consiguen convertir unas en otras, deben estar siempre en correspondencia y nunca pueden oponerse unas a otras.

En el mundo físico, hay incontables oposiciones y, por conveniencia, se les puede elegir con nombres distintivos. Todas las cosas poseen tamaños, colores, tonos o extremos.

LA LLAVE MAESTRA

Existe un Polo Norte y un Polo Sur, un interior y un exterior, un perceptible y un imperceptible, pero estas expresiones valen meramente para instalar extremos en contraste.

Son apodos dados a dos porciones distintas de una cantidad. Los dos extremos son referentes, no son entidades separadas, sino que son dos partes o semblantes de un todo.

En el mundo mental hallamos la misma ley. Conversamos de conocimiento e ignorancia, pero la ignorancia no es más que la carencia de conocimiento y, por lo tanto, resulta ser sencillamente una palabra para formular esa ausencia de conocimiento. No contiene ningún principio en sí misma.

En el Mundo Moral, volvemos a hallar la misma ley. Hablamos del bien y el mal, pero el Bien es una situación, algo palpable, mientras que el Mal resulta ser puramente un estado negativo: la huida del Bien. A veces se especula que el Mal es un estado muy efectivo, pero no tiene ningún principio, ninguna fuerza, ninguna vida. Sabemos esto porque siempre puede ser demolido por el Bien. Del mismo estilo que la Verdad echa abajo al Error y la luz destruye la oscuridad, así igualmente el Mal se esfuma cuando aparece el Bien. Por lo tanto, sólo hay un principio en el Mundo Moral.

Localizamos que puntualmente la misma ley existe en el Mundo Espiritual. Hablamos de Mente y Materia como si fueran dos formas separadas, pero una percepción más clara hace que sea indudable que sólo hay un principio ejecutivo, y es la Mente.

La mente es lo existente y lo inmortal. La Materia siempre está cambiando. Sabemos que en los períodos del tiempo, cien años son sólo como un día. Si nos hallamos en cualquiera ciudad grande y dejamos que la vista se repose en los incontables edificios grandes y magníficos, en la enorme variedad de bienestares de la civilización moderna, es posible que nos acordemos que ninguno de ellos existía ahí hace poco más de un siglo, y si pudiéramos ubicarnos en el mismo lugar dentro de cien años, muy posiblemente atinaríamos que sólo quedan unos pocos.

En el reino animal hallamos la misma ley de cambio. Millones y millones de animales van y vienen, y unos pocos años componen la duración de su vida. Muchas plantas y fácilmente todos los pastos van y vienen en un solo año. Cuando pasamos a lo inorgánico esperamos tropezar con algo más importante, pero al no perder de vista el continente aparentemente sólido se nos dice que brotó del océano. Vemos una montaña y nos dicen que el lugar que ahora domina fue antes un lago, y al observar atónitos los grandes precipicios del Vale de Yosemite podemos seguir expeditamente la pista del camino de los glaciares que lo mantuvieron todo antes que ellos.

Estamos en presencia de un cambio perpetuo y sabemos que este cambio no es más que el progreso de la Mente Universal, el magnífico proceso por el cual todas las cosas están siendo fundadas de nuevo interminablemente. Ahora sabemos que la materia no es más que una representación que acoge la Mente y, por lo tanto, es puramente un estado. La Materia no tiene ningún principio; la Mente es el único principio.

Más tarde hemos sabido que la Mente es el único principio que está operativo en el mundo físico, mental, moral y espiritual. También sabemos que esta mente está paralizada, una mente en tranquilidad. Sabemos, además, que la capacidad de pensar del sujeto es su capacidad de tener un resultado en la Mente Universal y convertirla en una mente dispuesta, o mente en movimiento.

Para ello, se debe emplear gasolina en forma de alimentos, porque el ser humano no puede recapacitar si no se alimenta. De manera que manifestamos que incluso una actividad espiritual como pensar no puede ser convertida en principio de placer y mercedes si no es haciendo uso de medios materiales.

Se pretende algún tipo de energía para congregar electricidad y convertirla en un poder dispuesto, se precisan rayos de sol para proporcionar la energía forzosa para mantener la vida vegetal, y también se precisa energía en forma de alimentos para que el hombre pueda pensar y de esa manera tener un efecto en la Mente Universal.

Puedes saber que el pensamiento está tomando forma asiduamente, eternamente, que está inquiriendo expresarse siempre, o quizá lo ignores, pero la situación sigue siendo que si tus pensamientos son poderosos, provechosos y positivos, esto se verá patentemente en tu estado de salud, tus negocios y tu ambiente. Si, por lo general, tus pensamientos son de agotamiento, o críticos, destructores y negativos, se mostrarán en tu cuerpo en forma de desconfianza, ansiedad y nerviosismo, en tu economía como escasez y restricción, y en tu entorno como sucesos discordantes.

Toda salud es el efecto del poder. Las posesiones tienen valor únicamente cuando conceden poder. Los acontecimientos son indicadores únicamente cuando conmueven al poder. Todas las cosas simbolizan ciertas formas y grados de poder.

El conocimiento de causa y efecto tal como los exponen las leyes que gobiernan el vapor, la corriente, la afinidad química y la gravedad permiten a la persona planear con valentía y elaborar sin miedo. Estas leyes han sido llamadas Leyes Naturales porque rigen al mundo físico, pero no todo poder es poder físico; además existe el poder mental, el poder moral y poder espiritual.

¿Qué son nuestros colegios, nuestras universidades, si no concentrados de poder, lugares donde se despliega el poder mental? Del mismo modo que hay muchas centrales eléctricas eficaces para la concentración de electricidad a la maquinaria pesada, en la cual se acumula la materia prima y es convertida en cosas de primera necesidad y bienestares para la vida, también los centros de poder recogen la materia prima, la elaboran y la desarrollan convirtiéndola en un poder que es eternamente superior a todas las berzas de la naturaleza, por muy asombrosas que éstas sean.

¿Cuál es la materia prima que se está acumulando en estos miles de centros mentales de poder por el mundo completo y se está desenvolviendo para ser convertida en un poder que, ciertamente, está controlando a todos los demás poderes? En su representación estática es la Mente y en su representación dinámica es el Pensamiento.

Este poder es superior porque está en un plano superior, porque le ha consentido al hombre revelar la ley por la cual estas sorprendentes berzas de la Naturaleza pueden ser producidas y exigidas a ejecutar el trabajo de miles de personas. Ha autorizado al hombre expresar leyes con las cuales el tiempo y el espacio han sido sometidos y la ley de gravedad ha sido rendida.

El pensamiento es la fuerza o carácter vital que está siendo desplegada y que ha derivado unos resultados tan maravillosos en la Última mitad del siglo como para originar un mundo que sería definitivamente inconcebible para alguien que hubiera existido hace sólo cincuenta o veinticinco años. Si constituyendo estas centrales de poder mentales se han alcanzado estos resultados en cincuenta años, ¿qué no se podría esperar dentro de otros cincuenta años? La sustancia a partir de la cual se fundan todas las cosas es eterna.

Sabemos que la luz recorre una velocidad de 300.000 kilómetros por segundo, y sabemos que hay estrellas tan lejanas que su luz tarda 2.000 años en llegar hasta nosotros, y sabemos que hay estrellas por todo el cielo. Estamos al corriente, también, que esta luz llega en representación de ondas, de manera que si el espacio en el que estas ondas cruzan no fuera perpetuo, la luz no llegaría hasta nosotros. Por ende, sólo podemos llegar a la determinación de que esta sustancia, o espacio, o materia prima, está vigente universalmente.

¿Cómo se expresa, entonces, en la forma? En la ciencia eléctrica, una batería marcha ligando los polos opuestos de zinc y cobre, lo cual hace que la corriente mane de un extremo al otro y, de ese modo, nos suministre energía. Éste mismo proceso se renueva con respecto a todas las polaridades y, puesto que toda representación depende meramente de la velocidad de la vibración y las constantes relaciones de los átomos entre ellos, si queremos cambiar la forma de la expresión debemos cambiar la polaridad. Éste es el principio de causalidad.

Para tu instrucción de esta semana, centralízate, y cuando digo "centralízate" me refiero a todo lo que ello implica: quédate tan abstraído en el cuerpo de tu pensamiento que ya no seas consciente de nada más; frecuenta este ejercicio todos los días, durante unos minutos. Si te tomas el tiempo preciso para comer para que tu cuerpo esté alimentado, ¿por qué no tomarte el tiempo preciso para equiparar tu alimento mental?

LA LLAVE MAESTRA

Deja que el pensamiento se aloje en el hecho de que las apariencias engañan. La Tierra no es plana, ni es fija; el cielo no es una cúpula, el Sol no se mueve, las estrellas no son pequeñas partículas de luz, y la materia, que antes se presumía que era fija, se ha desenmascarado que está en un estado de eterno manar.

Pretende darte cuenta de que se aproxima el día en que las maneras de pensar y de actuar deben concertarse al creciente discernimiento de cómo funcionan los principios eternos.

LA LLAVE MAESTRA

Estudia las preguntas y sus respuestas:

181. ¿Cómo se ubican en contraste los extremos?

Están trazados por nombres individuales como dentro y fuera, arriba y abajo, luz y oscuridad, bueno y malo.

182. ¿Son formas separadas?

No, son partes o aspectos de un Todo.

183. ¿Cuál es el único Principio creador en el mundo físico, mental y espiritual?

La Mente Universal o la Energía Eterna de la que provienen todas las cosas.

184. ¿Cómo nos relacionamos con este Principio creador?

A través de nuestra capacidad de pensar.

185. ¿Cómo se pone en maniobra este Principio?

El pensamiento es la semilla, la cual produce la acción, que a su vez emana en la forma.

186. ¿De qué depende la forma?

De la velocidad de la vibración.

187. ¿Cómo se puede cambiar la velocidad de la vibración?

A través de la acción mental.

188. ¿De qué depende la acción mental?

De la polaridad, la acción y reacción, entre el sujeto y lo Universal.

189. ¿La energía creadora se motiva en el sujeto o en lo Universal?

En lo Universal, pero lo Universal puede exteriorizarse únicamente a través del sujeto.

190. ¿Por qué es preciso el sujeto?

Porque lo Universal es estático y requiere energía para ponerse en movimiento. Ésta es provista por los alimentos, que se convierten en energía, la cual, a su vez, accede a que el sujeto piense. Cuando la persona deja de comer, deja de pensar.

Entonces ya no tiene dominio sobre lo Universal. En resultado, ya no hay ninguna acción o reacción; lo Universal es sólo pura mente en forma estática, mente en tranquilidad.

Capítulo XX

Durante muchos años, ha habido una disputa interminable acerca del principio del mal. Los teólogos nos han dicho que Dios es Amor y también Omnipresente. Si esto es seguro, no hay ningún terreno en el que Dios no esté. ¿Dónde están, entonces, el Mal, Satanás y el Infierno?

Conozcamos:

Dios es Espíritu.

El Espíritu es el Principio Creador del Universo.

El hombre está creado a imagen y semejanza de Dios.

Por ende, el hombre es un ser espiritual.

La única acción que posee el espíritu es el poder de pensar.

Pensar es, por ende, un proceso cognitivo.

Todas las formas son, por lo tanto, el efecto del proceso de pensar.

La decadencia de la forma debe ser, también, un efecto del proceso de pensar.

Lar formas ficticias de la representación son el efecto del poder creador del pensamiento, como en el ejemplo del Hipnotismo.

La representación ilusoria de la forma es el efecto del poder creador Del pensamiento, como en el ejemplo del Espiritismo.

La invención, la disposición y el trabajo provechoso de todo tipo son el efecto del poder creador del pensamiento, como en la concentración.

Cuando el poder creador del pensamiento se expresa para el bien de la humanidad, decimos que el efecto es positivo.

Cuando el poder creador del pensamiento se expresa de una manera destructiva o negativa, decimos que el efecto es malo.

Esto muestra el principio tanto del bien como del mal. Simplemente son palabras que han sido recalcadas para enseñar la naturaleza del resultado del proceso de pensar o el proceso creativo. El pensamiento antecede, necesariamente, a la acción; la acción antecede al estado y lo predetermina.

El siguiente Capítulo proyectará más luz sobre este importante tema.

LA LLAVE MAESTRA

El espíritu de una cosa es esa cosa; es precisamente fijo, inalterable y eterno. El espíritu eres tú: tú, sin el espíritu, no serías nada. El espíritu pasa activo por tu creencia en él y en sus contingencias. Puedes poseer toda la riqueza del mundo, pero, a menos que la busques y hagas uso de ella, no tendrá ningún precio. Lo mismo pasa con tu riqueza espiritual: a menos que la busques y la uses, no tendrá ningún precio. La única posición del poder espiritual es el uso o el reconocimiento.

Todas las colosales cosas llegan a través del reconocimiento. El imperio del poder es la conciencia, y el pensamiento es su enviado. Este mensajero está modelando asiduamente realidades del mundo impalpable en las circunstancias y los contextos de tu mundo objetivo.

Pensar es el verdadero argumento de la vida; el poder es el efecto. En todo momento estás correspondiéndote con el poder mágico del pensamiento y la conciencia. ¿Qué consecuencias puedes esperar si sigues siendo inconsciente del poder que ha sido instalado bajo tu vigilancia?

Si sigues así, te confinas a las circunstancias frívolas y te conviertes en la bestia de carga de las vidas que piensan, que reconocen su poder, que saben que, a menos que estés preparado a pensar, tendrás que trabajar y que cuanto menos especulemos más tendremos que trabajar y menos lograremos de ese trabajo.

El secreto del poder es una agudeza perfecta de los principios, las fuerzas, los procedimientos y las mezclas de la Mente, y una perfecta penetración de nuestra relación con la Mente Universal. Es positivo recordar que este principio es inalterable; si lo fuera, no sería fiable. Todos los principios son inalterables.

Esta permanencia es tu oportunidad. Tú eres su atributo activo, el conducto para su acción. Lo Universal sólo puede actuar a través del sujeto.

Cuando comienzas a observar que la esencia de lo Universal está dentro de ti (eres tú), empiezas a crear cosas; comienzas a sentir tu poder. Éste es el carburante que prende tu imaginación, que enciende las velas de la inspiración, que da fuerza al pensamiento, que te admite enlazar con todas las fuerzas invisibles del Universo. Es el poder que te dejará planear sin miedo, elaborar con maestría.

Pero la percepción llegará solamente en el silencio. Ésta parece ser la situación requerida para todos los grandes intentos. Eres una forma visualizadora. La quimera es tu taller. Es ahí donde tienes que visualizar tu ideal.

Puesto que una agudeza perfecta de la esencia de este poder es una situación fundamental para su manifestación, visualiza todo el procedimiento una y otra vez, para que puedas utilizarlo cuando quiera que la ocasión lo requiera. La inmensidad de sabiduría es seguir el método con el cual podemos tener la iluminación de la Mente Universal a merced en cualquier instante. Es posible que no examinemos este mundo interior y por ende, lo exceptuemos de nuestra conciencia, pero seguirá siendo la situación básica de toda la vida, y cuando aprendamos a registrarlo, no sólo en nosotros mismos, sino también en todos los individuos, todos los acontecimientos, las cosas y los sucesos, habremos hallado el "Reino de los Cielos" que, según dicen, está "dentro" de nosotros.

Nuestros desengaños son la secuela del ejercicio de puntualmente el mismo principio. Este principio es inalterable, su funcionamiento es exacto, no hay ninguna desorientación. Si pensamos en la carencia, la restricción y la desavenencia, encontraremos sus frutos en cada mano; si pensamos en la necesidad, la desdicha o la enfermedad, los enviados del pensamiento llevarán los requerimientos con la misma prisa que cualquier otro tipo de pensamiento, y el efecto estará equivalentemente garantizado. Si tememos un desastre inminente, debemos ser aptos de decir: "Aquello que temía me ha ocurrido"; si pensamos de una forma poco cordial o ignorante, atraeremos hacia nosotros los efectos de nuestra ignorancia.

Este poder del pensamiento, si se entiende y se usa correctamente, es el mayor utensilio para economizarnos trabajo, con el que jamás habíamos fantaseado, pero si no se entiende o se utiliza incorrectamente, con toda posibilidad dará unos efectos desastrosos, como ya hemos visto. Con la asistencia de este poder puedes efectuar con confianza cosas supuestamente imposibles, porque este poder es el secreto de toda iluminación, de todo genio.

Sentirte inspirado simboliza salir del camino gastado, salir de la rutina, porque los efectos sorprendentes requieren de medios extraordinarios. Cuando registramos la Unidad de todas las cosas y que la fuente de todo poder vive en nuestro interior, consentimos la fuente de inspiración.

La inspiración es el arte de empapar, el arte de la autorrealización, el arte de concertar la mente particular a la Mente Universal, el arte de adherir el dispositivo adecuado a la fuente de todo poder, el arte de diversificar lo informe trasladándolo a la forma, el arte de convertirnos en un conducto para el destilar de la Sabiduría Infinita, el arte de visualizar la perfección, el arte de ser conscientes de la omnipresencia de la Omnipotencia.

El entendimiento y la valoración del hecho de que el poder infinito es omnipresente y, por lo tanto, está en lo enormemente pequeño y en lo enormemente grande, nos consentirá impregnar su esencia.

La comprensión agregada del hecho de que este poder es espíritu y, por ende, es inseparable, nos dejará valorar su presencia en todos los lugares al mismo tiempo.

LA LLAVE MAESTRA

El entendimiento de estos hechos, primero sabiamente y luego emocionalmente, nos admitirá saborear intensamente de este océano de poder infinito. La comprensión intelectual no será de ninguna asistencia; las emociones deben ser puestas en marcha; el pensamiento sin emoción es frío. La mezcla solicitada es la de pensamiento y emoción.

La iluminación viene del interior. El silencio es necesario; los sentidos deben calmarse, los músculos relajarse, el sosiego cultivarse. Cuando logres tener una sensación de madurez y de poder estarás preparado para recoger la información, la inspiración o la cognición que pueden ser precisas para el perfeccionamiento de tu propósito.

No involucres estos métodos con los del clarividente; no tienen nada en común. La iluminación es el arte de recibir y aporta a todo lo mejor de la vida. Lo que te incumbe en la vida es comprender y establecer estas fuerzas impalpables en lugar de dejar que sean ellas las que te den mandatos y te rijan. El poder envuelve servicio; la inspiración envuelve poder. Entender y emplear el método de inspiración es convertirte en un héroe o una heroína.

Podemos vivir con más abundancia cada vez que respiramos, si inspiramos conscientemente con ese objetivo. El "SI" es una condición muy útil en este caso, ya que la intención rige a la atención, y sin esta última sólo puedes tener los efectos que alcanzan todos los demás. Es decir, un suministro equivalente a la los requerimientos.

Para alcanzar una mayor provisión, tu demanda debe acrecentarse, y cuando acrecientes conscientemente la demanda, la provisión llegará a continuación. Verás que te hallas con una provisión cada vez más grandiosa de vida, energía y vigor. Motivo no es difícil de concebir, pero es otro de los misterios primordiales de la vida que, por lo general, no parece ser valorado. Si lo haces tuyo, revelarás que es uno de los grandes contextos de la vida.

Nos dicen: "En Él vivimos, nos movemos y tenemos presencia" y nos dicen que "Él" es un Espíritu y, una vez más, que "Él" es Amor, de modo que cada vez que inspiramos, inhalamos esta vida, este amor y este espíritu. Se la conoce como Energía Pránica, o Éter Pránico, y no podríamos coexistir ni un minuto sin ella. Es la Energía Cósmica, es la Vida del plexo solar.

Cada vez que respiramos, colmamos nuestros pulmones de aire y, al mismo tiempo, robustecemos nuestro cuerpo con este Éter Pránico que es la Vida misma, de modo que tenemos la ocasión de establecer una conexión consciente con Toda Vida, Toda Inteligencia y Toda Sustancia.

Un conocimiento de tu correlación y tu unidad con este Principio que gobierna el Universo y del natural método a través del cual puedes identificarte sensatamente con él, te suministra una comprensión científica de una ley por la cual puedes librarte de la enfermedad, de todo tipo de escasa o restricción. De hecho, te asiente respirar el "aliento de la vida" a través de tus propios orificios nasales. Este "aliento de la vida" es una situación súper consciente. Es la esencia del "Yo soy". Es el "Ser" puro, o Sustancia Universal, y nuestra unidad consciente con él nos deja delimitarlo y, de ese modo, practicar los poderes de esta energía creadora.

El pensamiento es vibración inventora y la cualidad de las ocurrencias creadas dependerá de la manera de nuestros pensamientos, porque no podemos enunciar poderes que no tenemos. Debemos "ser" para poder "hacer", y sólo podemos "hacer" e n la medida en que "somos" .De manera que lo que formemos concordará necesariamente con lo que "somos" y, lo que somos obedece a lo que "pensamos".

Cada vez que piensas, empiezas un tren de causalidad que creará una situación en estricto convenio con la cualidad del pensamiento que la originó. El pensamiento que está en conformidad con la Mente Universal dará como secuela las circunstancias convenientes.

El pensamiento que es destructor o discrepante producirá los resultados adecuados. Puedes usar el pensamiento de una forma provechosa o destructora, pero la ley inmutable no te permitirá plantar un pensamiento de un tipo y recolectar un fruto de otro.

Eres libre para usar este asombroso poder creador como tú quieras, pero debes aceptar las consecuencias.

Éste es el riesgo de la llamada Fuerza de Voluntad. Hay quienes parecen entender que mediante la fuerza de voluntad pueden imponer a esta ley que pueden diseminar un tipo de semilla y a través de la "Fuerza de Voluntad", hacer que crezca un fruto diferente. Pero el principio esencial del poder creador reside en lo Universal y por lo tanto, la idea de exigir una obediencia a nuestros anhelos mediante el poder de la voluntad individual es un conocimiento alterado que puede parecer que tiene triunfo durante un tiempo, pero que, a la larga, está forzado al fracaso porque se enfrenta a ese mismo poder que está pretendiendo usar.

Es el individuo deseando coaccionar a lo Universal, lo finito en conflicto con lo Infinito. Nuestra felicidad permanente se almacenará mejor mediante una colaboración consecuente con el movimiento continuo hacia a la cabeza del Gran Todo.

Para tu instrucción de esta semana, entra en el silencio y centralízate en el hecho de que la frase "En Él vivimos, nos movemos y tenemos existencia", es científicamente puntual. En que ERES porque El ES y en que si Él es Omnipresente, entonces Él debe de existir en ti.

En que si Él es todo y está en todo, entonces tú debes de vivir en Él. En que Él es Espíritu y tú estás hecho a Su imagen y semejanza que la notable oposición entre Su espíritu y el tuyo es una diferencia de nivel; que una parte debe ser parejo en clase y modo que el todo. Cuando seas capaz de darte cuenta de esto visiblemente, habrás encontrado el secreto del poder artista del pensamiento, habrás dado con el principio del bien y del mal, habrás encontrado el secreto del asombroso poder de la concentración, habrás hallado la combinación de la salida a todo problema, ya sea físico, económico o ambiental.

LA LLAVE MAESTRA

Estudia las preguntas y sus respuestas:

191. ¿De qué contexto depende el poder?

De su reconocimiento y su uso.

192. ¿Qué es el reconocimiento?

Conciencia.

193. ¿Cómo tomamos conciencia del poder?

Pensando.

194. ¿Cuál es, entonces, la verdadera tarea en la vida?

El pensamiento científico correcto.

195. ¿Qué es el pensamiento científico correcto?

La capacidad de concertar nuestros procesos de pensamiento a la voluntad de lo Universal. En otras palabras: socorrer a las Leyes Naturales.

196. ¿Cómo se logra esto?

Consiguiendo una comprensión perfecta de los principios, fuerzas, métodos y composiciones de la mente.

197. ¿Qué es esta Mente Universal?

La realidad básica de toda existencia.

198. ¿Cuál es la raíz de toda falta, restricción, enfermedad y discordia?

Esto se debe al ejercicio de la misma ley, aquella que funciona inexorablemente y produce continuamente sucesos que se corresponden con el pensamiento que las ocasionó o las creó.

199. ¿Qué es la inspiración?

El arte de tomar conciencia de la omnipresencia de la Omnisciencia.

200. ¿De qué dependen las circunstancias que nos topamos?

De la manera de nuestros pensamientos. Porque lo que hacemos depende de lo que somos y lo que somos depende de lo que pensamos.

LA LLAVE MAESTRA

Capítulo XXI

Tengo el honor de presentar el Capítulo Veintiuno. En el séptimo párrafo revelarás que uno de los secretos del triunfo, uno de los procedimientos para fundar la victoria, uno de los beneficios de la Mente Maestra es tener grandes pensamientos.

En el octavo párrafo verás que todo lo que en nuestra conciencia durante cualquier lapso de tiempo se queda tallado en nuestro inconsciente y, de ese modo, se convierte en un modelo que la energía creadora transportará a nuestra vida y nuestro medio ambiente.

Éste es el secreto del asombroso poder de la oración. Sabemos que el universo está regido por unas leyes; que para cada efecto debe haber una causa, y que la misma causa, bajo las mismas circunstancias, producirá infaliblemente el mismo efecto.

En resultado, si la oración ha sido reconocida alguna vez, lo seguirá siendo si se dan las condiciones apropiadas. Esto debe ser precisamente cierto; de lo contrario, el cosmos seria un desconcierto, en lugar de ser un cosmos. La réplica a la oración, por lo tanto, está sujeta a la ley y esa ley es clara, puntual y científica, al igual que las leyes que rigen la gravedad y la electricidad.

Ellas conciben que haya leyes que administran la electricidad, las matemáticas y la química, pero, por alguna razón impenetrable, jamás parece ocurrírseles que también existen leyes espirituales, y que esas leyes también son clara, científicas y puntuales, y marchan con una precisión inmutable.

El auténtico secreto del poder es la conciencia del poder. La Mente Universal es absoluto y, por lo tanto, cuanto más conscientes somos de nuestra unidad con ella, menos conscientes estaremos de las condiciones y las restricciones. Al independizarnos o liberarnos de las condiciones, comenzamos a ser conscientes de lo ilimitado: ¡Nos hemos liberado!

En cuanto tomamos conciencia del poder infinito que hay en el mundo interior, intentamos acudir a él y a aplicar y desarrollar las más grandes contingencias que este juicio ha realizado, porque cualquier objeto de la que tomamos conciencia se expresa invariablemente en el mundo imparcial, pasa a la manifestación tangible.

Esto se debe a que la Mente Infinita, que es la partida de la que proceden todas las cosas, es una e inseparable, y cada persona es un conducto por el que esta Energía Eterna se manifiesta. Nuestra capacidad de pensar es nuestra capacidad de poseer un efecto en esta Sustancia Universal, y lo que pensamos es lo que se establece o se produce en el mundo imparcial.

LA LLAVE MAESTRA

El resultado de este hallazgo es, como mínimo, asombroso, y simboliza que la mente es sorprendente en cualidad, ilimitada en cantidad y sujeta innumerables posibilidades. Tomar conciencia de este lograr es convertirte en un "cable vivo"; tiene el mismo efecto que ubicar un cable corriente en empalme con un cable que está cargado. Lo Universal es un cable vivo. Lleva la energía capaz para enfrentar a cada situación que pueda brotar en la vida de cada persona. Cuando la mente particular toca a la Mente Universal, recibe todo el poder que precisa. Éste es el mundo profundo. Toda la ciencia da la razón a la realidad de este mundo, y todo el poder obedece a nuestro reconocimiento de él.

La capacidad de excluir circunstancias anómalas depende de la acción mental, que a su vez depende de la conciencia de poder. Por lo tanto, cuanto más conscientes somos de nuestro lazo con la fuente de todo poder, más grande será nuestro poder para vigilar y dominar todas las ocurrencias.

Las grandes ideas tienden a excluir a las ideas más pequeñas, de modo que está bien alojar ideas lo suficiente grandes como para contrarrestar y arruinar todas las propensiones pequeñas o indeseables.

Esto retirará de tu camino incontables dificultades insignificantes y molestas. Además, serás consciente de un mundo más extenso de pensamientos, con lo que acrecentarás tu capacidad mental y te ubicarás en posición de obtener algo de cuantía.

Éste es uno de los secretos del triunfo, uno de los procedimientos para organizar la gloria, uno de los beneficios de la Mente Maestra. Tiene grandes pensamientos. Las energías creativas de la mente no localizan más dificultad para combatir con los grandes entornos que con los pequeños. La mente está tan presente en lo Enormemente grande como en lo Enormemente pequeño. Cuando tomamos conciencia de estos hechos referentes a la mente, entendemos cómo conseguimos crear para nosotros cualquier ocurrencia mediante la creación de las circunstancias proporcionadas en nuestra conciencia, porque todo lo que conservamos durante cualquier lapso de tiempo en la conciencia termina tallándose en el subconsciente y, así, se convierte en una muestra que la energía creadora introducirá en la vida y el medio ambiente de la vida. De esta manera se originan las circunstancias y expresamos que nuestras vidas son puramente el reflejo de nuestros pensamientos predominantes, de nuestra cualidad mental. Advertimos, entonces, que la ciencia del correcto pensar es la insuperable ciencia, que contiene a todas las demás ciencias.

Desde esta ciencia, asimilamos que cada pensamiento crea una impresión en el cerebro, que esas emociones generan tendencias mentales, que esas predisposiciones crean carácter, destreza y propósito, y que la acción ligada de carácter, habilidad y propósito establece las prácticas con las que nos toparemos en la vida.

LA LLAVE MAESTRA

Estas experiencias vienen a nosotros a través de la Ley de Atracción. A través de la acción de esta ley, hallamos en el mundo exterior las experiencias que se atañen con nuestro mundo interior. El pensamiento preponderante, o la actitud mental, es un imán.

La ley dice que "los iguales se atraen"; en resultado, la actitud mental atraerá, infaliblemente, las circunstancias que se corresponden con su naturaleza.

Esta actitud mental es nuestro temperamento y se dispone de los pensamientos que hemos estado estableciendo en nuestra propia mente. Por lo tanto, si queremos un cambio en las ocurrencias, lo único preciso es que cambiemos nuestros pensamientos; esto, a su vez, cambiará nuestra actitud mental, lo que, a su vez, cambiará nuestra personalidad, lo cual, a su vez, cambiará a las almas, cosas y sucesos o las experiencias que hallamos en nuestra vida.

Cambiar la actitud mental no es un argumento fácil, pero se puede lograr con una energía tenaz. La actitud mental está confeccionada a partir de las efigies mentales que han sido retratadas en el cerebro; si no te gustan esas imágenes, arruina los negativos y crea unas nuevas. Éste es el arte de la visualización.

En cuanto lo hayas conseguido, intentarás a atraer cosas nuevas que se corresponderán con las nuevas imágenes. Para forjarlo, graba en tu mente una efigie perfecta del anhelo que quieres materializar y continúa conservándolo en tu mente hasta conseguir resultados.

Si el deseo en cuestión demanda valor, habilidad, talento, valentía, poder o cualquier otro poder espiritual, estos agentes serán fundamentales para tu imagen: reúnelos. Son el sentimiento que se ajusta con el pensamiento y crea el invencible poder magnético que atrae hacia ti las cosas que has solicitado. Dan vida a tu efigie, y vida representa crecimiento. En cuanto tu imagen comience a crecer, el efecto estará diestramente asegurado.

No dudes en ansiar a los logros más altos viables en cualquiera de las cosas que comiences, porque las potencias de la mente están siempre listas para facilitarse a una voluntad decidida en el esfuerzo de cristalizar sus mayores deseos en actos, logros y sucesos.

Una ilustración de cómo maniobran estas fuerzas de la mente esta sugerida en el procedimiento con el que se constituyen todos nuestros hábitos. Hacemos algo, luego lo forjamos otra vez y otra vez y otra vez, hasta que se convierte en algo fácil y quizá casi inconsciente. Esta misma regla se emplea para destrozar cualquier mal hábito: dejamos de hacer algo, y después lo obviamos otra vez, y otra vez, hasta que quedamos totalmente libres de él. Y si perdemos de vez en cuando, no deberíamos perder la esperanza, de

LA LLAVE MAESTRA

ninguna forma, porque la ley es absoluta e invulnerable y nos reconoce cada esfuerzo y cada triunfo, aunque nuestros bríos y nuestros triunfos sean intermitentes.

No hay límite a lo que esta ley puede hacer por ti. Aventúrate a creer en tu propio conocimiento; recuerda que la Naturaleza es flexible para el ideal. Piensa en el ideal como un hecho que ya se ha ejecutado. La verdadera cruzada en la vida es una acometida de ideas, que están librando unos pocos contra la colectividad. En un lado está el pensamiento provechoso y creativo, y en el otro lado está el pensamiento destructor y negativo. El pensamiento creativo está sometido por un ideal, el pensamiento pasivo está sometido por las apariencias.

En ambos lados hay personas de ciencias, de letras y de negocios. En el lado creativo, existe gente que pasa el tiempo en laboratorios, o incluso sobre de microscopios y telescopios, codo con codo con las personas que someten el mundo comercial, político y científico. En el lado maligno hay personas que consagran su tiempo a investigar las leyes y los antecedentes, gente que confunde la teología con la religión, estadistas que embrollan el poder con el derecho, y hay millones de personas que optan por el antecedente al progreso, que están siempre mirando atrás en vez de mirar hacia adelante, que sólo observan el mundo exterior, pero no conocen nada del mundo interior.

En el razonamiento terminal, sólo están estas dos clases. Todas las personas tendrán que conquistar su lugar en un lado o en el otro. Tendrán que avanzar o volverse; no es viable quedarse inmóvil en un mundo en el que todo está en movimiento. Es este ensayo de quedarse inmóviles lo que faculta y da potencia a códigos de ley ilegales e injustos.

Que estamos en un ciclo de transición está demostrado por la intranquilidad que puede observarse por todas partes. La humanidad sumisa es como un toque de la artillería del cielo, que emprende con notas bajas y perversas y va acrecentando hasta que el sonido va de nube en nube, y el rayo divide en dos el aire y la tierra. Los vigilantes que rondan los puestos más avanzados del mundo industrial, político y religioso están convocándose ávidamente unos a otros. ¿Qué importa la noche? El riesgo y la incertidumbre de la posición que ocupan y que pretenden almacenar son cada vez más evidentes. El amanecer de una nueva época declara ineludiblemente que el orden existente no podrá conservarse fuertemente mucho tiempo más. El inconveniente entre el antiguo régimen y el nuevo, el porqué del problema social, es absolutamente una cuestión de persuasión en las mentes de las personas respecto a la esencia del Universo. Cuando se den cuenta de que la fuerza eminente del espíritu o la mente del Cosmos está dentro de cada sujeto, será posible enunciar leyes que tendrán en cuenta las independencias y los derechos de la mayoría, en lugar de los indultos de unos pocos.

LA LLAVE MAESTRA

Mientras la gente siga imaginando el poder Cósmico como un poder no humano y por lo tanto extraño a la humanidad, será relativamente fácil para una clase aparentemente privilegiada gobernar por derecho poderoso a pesar de todas las críticas del sentir social. El verdadero interés de la democracia es, por lo tanto, enaltecer, emancipar y reconocer la deidad del espíritu humano. Reconocer que todo poder proviene del interior. Que ningún ser humano tiene más poder que otro, exceptuado el que puede serle encargado de buena gana.

El antiguo sistema nos quería hacer creer que la ley era superior a los parlamentarios; he ahí la propiedad del crimen social de toda forma de privilegio y discrepancia personal, la institucionalización de la doctrina fatalista de la votación divina.

La Mente Divina es la Mente Universal. No hace desigualdades, no tiene preferidos; no actúa por el mero deseo o por la rabia, los celos o la furia; jamás puede ser adulada, o engatusada, o movida por la simpatía o la petitoria para suministrar al ser humano alguna cosa que él cree necesaria para su bienestar, o incluso para su presencia. La Mente Divina no hace desigualdades para favorecer a ningún sujeto, pero cuando éste perciba y tome conciencia de su Unidad con el Principio Universal, parecerá que es aventajado, porque habrá encontrado la fuente de toda salud, toda fortuna y todo poder.

Para tu instrucción de esta semana, centralízate en la Verdad. Intenta darte cuenta de que la Verdad te hará independiente. Es decir, que cuando aprendes a emplear los procedimientos y principios del pensamiento científicamente correcto, nada puede intercalarse permanentemente en tu camino hacia el triunfo perfecto. Date cuenta de que estás manifestando en tu medio ambiente las potencias inseparables de tu alma. Date cuenta de que el silencio te brinda una oportunidad siempre a tu alcance y fácilmente ilimitada para avivar al concepto más elevado de Verdad.

Intenta entender que la Omnipotencia misma es silencio arbitrario; todo lo demás es cambio, actividad, restricción. La concentración silenciosa en el pensamiento es, por ende, el verdadero procedimiento para investigar, despertar y luego expresar el asombroso poder potencial del mundo interior.

LA LLAVE MAESTRA

Estudia las preguntas y sus respuestas:

201. ¿Cuál es el verdadero secreto del poder?

La conciencia del poder, porque cualquier cosa de la que tomamos conciencia se expresa, invariablemente, en el mundo objetivo; es traída a la expresión tangible.

202. ¿Cuál es la fuente de este poder?

La Mente Universal, de la que provienen todas las cosas y que es una e inseparable.

203. ¿Cómo se está revelando este poder?

A través del sujeto. Cada individuo es un conducto por el que esta energía está siendo diversificada en la forma.

204. ¿Cómo podemos enlazar con esta Omnipotencia?

Nuestra capacidad de pensar es nuestra capacidad de intervenir en la Energía Universal. Lo que pensamos es emanado o creado en el mundo objetivo.

205. ¿Cuál es el efecto de este descubrimiento?

El resultado es, simplemente, asombroso. Abre oportunidades sin preliminares e ilimitadas.

206. ¿Cómo podemos, entonces, excluir las circunstancias imperfectas?

Tomando conciencia de nuestra Unidad con la mente de todo poder.

207. ¿Cuál es una de las características individuales de la Mente Maestra?

Que tiene grandes pensamientos y aloja ideas lo adecuadamente grandes como para contrarrestar y destruir todos los obstáculos pequeños y molestos.

208. ¿Cómo nos llegan las usanzas?

A través de la Ley de Atracción.

209. ¿Cómo entra en funcionamiento esta ley?

A través de nuestra actitud mental preponderante.

210. ¿Cuál es el problema entre el antiguo régimen y el nuevo?

Una materia de convicción sobre la naturaleza del Universo. El antiguo régimen está pretendiendo agarrarse a la doctrina fantástica de la elección divina. El nuevo régimen reconoce la divinidad del sujeto, la democracia de la humanidad.

LA LLAVE MAESTRA

Capítulo XXII

En el Capítulo Veintidós descubrirás que los pensamientos son semillas espirituales, las cuales, cuando son diseminadas en la mente subconsciente, tienden a brotar y a crecer.

Habitualmente, las desiguales formas de inflamación, parálisis, nerviosismo y estados de enfermedad son la expresión del miedo, la preocupación, la aprensión, la angustia, los celos, el odio y pensamientos parecidos.

Los procesos de la vida son llevados a cabo a través de dos procedimientos distintos: el primero, impregnar y hacer uso del material preciso para la construcción de células; el segundo, descomponer y desalojar el material de desecho.

Toda vida se basa en estas actividades provechosas y destructoras y, puesto que la comida, el agua y el aire son los únicos menesteres necesarios para la construcción de células, el problema de alargar la vida indefinidamente no debería ser algo complicado.

Por muy raro que parezca, la segunda actividad, o la actividad destructiva, es, con algunas excepciones, la raíz de todas las enfermedades.

El material de desecho se acumula y satura los tejidos, lo cual incita a una autointoxicación. Esto puede ser parcial o general. En el primer caso, el disturbio será local; en el segundo lugar, perturbará a todo el organismo.

El problema que tenemos frente a nosotros, entonces, para la narración de la e n f e, es aumentar la acumulación y la repartición de energía por todo el organismo. Esto sólo puede hacerse excluyendo los pensamientos de miedo, ansiedad, reparo, desazón, celos, odio y todos los demás pensamientos destructores, que tienden a destruir los nervios y las glándulas que vigilan la evacuación y la eliminación de materia de desecho venenosa.

Los alimentos nutritivos y tónicos reparadores no pueden conceder vida, porque sólo son expresiones secundarias de la vida.

En el capítulo que tengo el placer de ofrecerte a continuación se expone la manifestación principal de la vida y cómo puedes entrar en relación con ella.

El conocimiento tiene un precio inmenso porque al aplicarlo podemos hacer que nuestro futuro sea como queremos que sea. Cuando nos demos cuenta de que nuestra personalidad, nuestro ambiente, nuestra capacidad y nuestro estado corporal actuales son el efecto de modos de pensar del pasado, emprenderemos a tener alguna idea del valor que tiene el conocimiento. Si el estado de nuestra salud no es todo lo que podríamos anhelar, exploremos nuestra forma de pensar; recordemos que cada pensamiento produce una emoción en la mente; cada impresión es una semilla que penetrará en el inconsciente y formará una propensión; esta tendencia será la de atraer otros pensamientos afines y, antes de que nos demos cuenta, poseeremos una siembra que deberá ser cosechado.

Si estos pensamientos tienen gérmenes de enfermedad, la cosecha será de enfermedad, declinación, agotamiento y fracaso. La cuestión es: ¿qué estamos pensando?, ¿qué estarnos estableciendo?, ¿qué cosecharemos?

Si hay cualquier estado físico que es preciso cambiar, la ley que gobierna la visualización será positiva. Crea una pintura mental de perfección física, consérvala en la mente hasta que sea calada por la conciencia. Muchas personas han excluido padecimientos crónicas en pocas semanas con este procedimiento y miles han destacado y destruido todo tipo de trastornos físicos normales con este método en pocos días, a veces en pocos minutos.

Es a través de la ley de vibración que la mente práctica este control sobre el cuerpo. Sabemos que toda labor mental es una vibración y que toda forma es puramente un modo de movimiento, una velocidad de vibración. Por ende, cualquier vibración dada cambia inmediatamente a todos los átomos del cuerpo, todas las células vivas son perturbadas y en cada grupo de células activas se produce todo un cambio químico.

Todo en el Universo es lo que es en virtud de su ligereza de vibración. Si cambias la ligereza de vibración, cambias la naturaleza, la cualidad y la representación. El inmenso paisaje de la naturaleza, tanto visible como invisible, está siendo cambiado interminablemente escuetamente a través de un cambio en la velocidad de vibración. Puesto que el pensamiento es una vibración, también podemos practicar este poder: podemos cambiar la vibración y, de esa manera, causar cualquier estado que queramos exteriorizar en nuestros cuerpos.

Estamos utilizando este poder a cada minuto. El dificultad es que la mayoría de nosotros estamos empleándolo instintivamente, y por eso producimos consecuencias indeseables. El problema es que debemos usarlo con razón y producir solamente resultados deseables.

Esto no debería ser difícil, porque todos hemos tenido la práctica suficiente como para saber qué es lo que induce una vibración agradable en el cuerpo y, además, sabemos las causas que dan lugar a las sensaciones poco satisfactorias y desagradables.

Lo único preciso es consultar con nuestra propia usanza. Cuando nuestros pensamientos han sido contentos, crecientes, constructivos, valientes, nobles, espléndidos o deseables en cualquier otro sentido, hemos puesto en movimiento vibraciones que han producido determinados resultados. Cuando nuestros pensamientos han estado repletos de rivalidad, odio, celos, ataques o cualquiera de las otras mil y una formas de desavenencia,

LA LLAVE MAESTRA

se han puesto en movimiento ciertas vibraciones que han procedente ciertos resultados de una naturaleza distinta. Cada una de estas velocidades de vibración, si se conservaron, se cristalizaron en la representación. En el primer caso, el efecto de la salud mental, moral y física, y en el segundo tema fue la desavenencia, la discordancia y la enfermedad. Por lo tanto, podemos entender un poco el poder que tiene la mente sobre el cuerpo.

La mente objetiva posee ciertos efectos sobre el cuerpo, que se reconocen fácilmente. Alguien te dice algo que te parece ilógico y te ríes, posiblemente hasta que todo tu cuerpo se sacude, lo cual nos muestra que el pensamiento tiene intervención sobre los músculos de tu cuerpo.

O alguien te dice algo que estimula tu misericordia y se te llenan los ojos de lágrimas, lo cual nos demuestra que el pensamiento vigila las glándulas de tu cuerpo. O alguien te dice algo que te hace enojar y la sangre escala a tus mejillas, lo cual nos demuestra que el pensamiento controla la circulación de tu sangre. Pero, puesto que estas prácticas son todas efecto de la acción de tu mente objetiva sobre el cuerpo, las secuelas tienen una naturaleza estacional; pronto se desvanecen y las circunstancias se queda como antes.

Veamos cómo aplaza la acción de la mente inconsciente sobre el cuerpo. Recibes una herida; seguidamente, miles de células comienzan a trabajar para curarla; unos días o unas semanas más tarde, han terminado el trabajo. Incluso puedes fragmentarte un hueso. Ningún cirujano sobre la Tierra puede unir las partes (no me estoy refiriendo a implantar clavos u otros aparatos para fortificar o reemplazar a los huesos). Puede instalarte el hueso en su sitio, y la mente subjetiva iniciará prontamente el proceso de ensamblar las partes y, al poco tiempo, el hueso estará más consistente que nunca. Puedes tragar veneno; la mente subjetiva revelará raudamente el peligro y realizará arrojos violentos para excluirlo. Puedes infectarte con un germen peligroso; la mente subjetiva comenzará enseguida a edificar una pared alrededor de la zona contagiada y demolerá la infección absorbiéndola en los glóbulos blancos que suministra con este fin.

Estos procesos de la mente subconsciente suelen tener lugar sin nuestro conocimiento u orientación personal y, si no estorbamos, el resultado es perfecto. Pero, dado que esos millones de células restauradoras son inteligentes y responden a nuestro pensamiento, a menudo se detienen y se vuelven estériles debido a nuestros pensamientos de miedo, vacilaciones y angustia. Son como un ejército de trabajadores listos para empezar a ejecutar una obra trascendental, pero cada vez que comienzan su labor se llama una huelga, o hay un cambio de planes, hasta que posteriormente se desmoralizan y tiran la toalla.

El camino hacia la salud se funda en la ley de vibración, que es la base de toda ciencia, y esta ley es puesta en marcha por la mente, el "mundo interior". Es una cuestión de brío particular y práctica. Nuestro mundo de poder está dentro de nosotros. Si somos perspicaces, no derrocharemos tiempo y esfuerzos pretendiendo lidiar con los efectos cuando los hallamos en el "mundo exterior", que es sólo un reflejo externo.

Siempre localizaremos la causa en el "mundo interior", y cambiando la causa cambiamos el efecto. Cada célula de tu cuerpo es inteligente y responderá a tus disposiciones. Las células son todas creadoras y crearán la muestra puntual que tú les des. Por lo tanto, cuando se instalan imágenes perfectas delante de la mente subjetiva, las energías creadoras edifican un cuerpo perfecto.

Las células del cerebro se fundan de la misma manera. La cualidad del cerebro está regida por el estado mental, o la actitud mental, de modo que si se transfieren actitudes mentales indeseables a la mente subjetiva, éstas serán transportadas también al cuerpo. Por lo tanto, podemos ver sencillamente que si queremos que el cuerpo manifieste salud, pujanza y fuerza, esos deben ser los pensamientos predominantes.

Sabemos, entonces, que cada dispositivo del cuerpo humano es el resultado de una ligereza de vibración. Sabemos que la acción mental es una velocidad de vibración. Sabemos que una velocidad de vibración mayor rige, cambia, controla, cambia o demuele a una velocidad de vibración menor. Sabemos que la velocidad de vibración está administrada por el carácter de las células cerebrales y, posteriormente... Sabemos cómo crear esas células cerebrales. Por ende... Sabemos cómo ejecutar cualquier cambio que queramos en el cuerpo. Habiendo logrado un conocimiento experto del poder de la mente hasta este punto, nos hemos percibido que no existe prácticamente ninguna restricción a nuestra capacidad de estar en armonía con la ley natural, que es omnipotente.

En general, cada vez se entiende mejor esta autoridad o control de la mente sobre el cuerpo, y en este momento muchos médicos están prestando más atención a esta materia. El doctor Albert T. Shoefield, que ha escrito varios libros significativos sobre el tema, dice: "Habitualmente, el tema de la terapéutica mental todavía es ignorado en las obras médicas. En nuestras fisiologías, no se hace ninguna referencia al poder controlador central que gobierna al cuerpo para su bien, y rara vez se habla del poder de la mente sobre el cuerpo".

No cabe duda de que muchos médicos tratan bien y eruditamente las enfermedades nerviosas de principio funcional, pero lo que sostenemos es que los conocimientos que manifiestan no fueron enseñados en ninguna facultad, no fueron instruidos de ningún libro, sino que son instintivos y empíricos.

Las cosas no deberían ser así. El poder de la terapéutica mental debería ser el tema de una enseñanza contenida, personal y científica en todas las facultades de medicina. Podríamos ahondar en más detalle en el tema del mal procedimiento, o de la falta de proceso, y describir los funestos resultados de los casos de negligencia, pero esta tarea es detestable.

No puede haber ninguna duda de que pocos pacientes son sensatos de cuánto pueden hacer por ellos mismos. Todavía se olvida lo que un paciente puede hacer por sí mismo, las fuerzas que puede poner en movimiento. Nosotros nos inclinamos a pensar que son muchos mayores de lo que la mayoría supone, e innegablemente se utilizarán cada v a más. El propio paciente puede dirigir la terapia mental para tranquilizar una mente estimulada, despertando sentimientos de alegría, esperanza, fe y amor, insinuando impulsos para esforzarse, mediante un trabajo mental frecuente y despistando sus pensamientos de la enfermedad.

Para tu instrucción de esta semana, centralízate en la bella frase de Tensión: "Háblale, tú, porque Él escucha, y espíritu con espíritu se pueden encontrar, Más cerca está Él que la inspiración, y más cerca que manos y pies". Luego, pretende tomar conciencia de que cuando le hablas a Él estás en relación con la Omnipotencia.

El tomar conciencia de esto y el credo de este poder Omnipresente demolerá ágilmente toda forma de enfermedad o sufrimiento, y la suplirán con armonía y perfección. A continuación recuerda que hay hombres que parecen especular que la enfermedad y el sufrimiento son remitidos por Dios; si así fuese, cada médico, cada cirujano y cada enfermero estarían retando a la voluntad de Dios, y los hospitales y los sanatorios serían lugares de insurrección. Ciertamente, la razón nos demuestra avivadamente que esto es una absurdidad, pero hay muchas personas que todavía hospedan esta idea.

Posteriormente, deja que el pensamiento se repose en el hecho de que, hasta hace poco tiempo, la teología ha estado queriendo enseñar la existencia de un Creador. Entonces, apreciarás al hombre ideal, hecho a imagen y semejanza de Dios, y valorarás a la Mente que todo lo origina, que forma, mantiene, sustenta y crea todo lo que existe.

Todo forma parte de un maravilloso todo, cuyo cuerpo es la naturaleza y cuya alma es Dios. La oportunidad sigue a la inteligencia, acción sigue a la iluminación, el crecimiento sigue al conocimiento, levantamiento sigue al progreso. Lo espiritual siempre aparece primero, luego la transforma en posibilidades infinitas e inmensas de realización.

LA LLAVE MAESTRA

Estudia las preguntas y sus respuestas:

211. ¿Cómo se puede excluir la enfermedad?

Ubicándonos en armonía con la Ley Natural, que es Omnipotente.

212. ¿Cuál es el proceso?

Tomar conciencia de que el ser humano es un ser espiritual y de que su espíritu debe de ser, indispensablemente, perfecto.

213. ¿Cuál es el efecto?

Un reconocimiento consciente de la perfección (primero intelectualmente, luego emocionalmente) produce la expresión de esa perfección.

214. ¿Por qué?

Porque el pensamiento es espiritual y, por ende, creativo, y se ordena con su objeto y lo trae a la manifestación.

215. ¿Qué Ley Natural entra en funcionamiento?

La Ley de Vibración.

216. ¿Por qué rige?

Porque una mayor ligereza de vibración gobierna, cambia, controla, cambia o demuele a una velocidad menor de vibración.

217. ¿Se reconoce universalmente este sistema de terapéutica mental?

Sí, hay literalmente millones de individuos que hacen uso de él de una u otra forma.

218. ¿Cuál es el efecto de este sistema de pensamiento?

Por primera vez en la historia del mundo, la facultad de razonamiento de todas las personas puede ser satisfecha por una verdad justificable que ahora está anegando el mundo avivadamente.

219. ¿Es este sistema adaptable a otras formas de suministro?

Responderá a todo aviso o necesidad humana.

220. ¿Es este sistema científico o religioso?

Ambas cosas. La verdadera ciencia y la verdadera religión son hermanas gemelas. Donde va una, la otra la sigue ineludiblemente.

LA LLAVE MAESTRA

Capítulo XXIII

En el capítulo que tengo el placer de cederte aquí, descubrirás que el dinero se entrelaza con el tejido de nuestra propia presencia; que la ley del triunfo es el servicio; que recibimos lo que damos y, por este porqué, deberíamos suponer un privilegio el poder dar.

Hemos descubierto que el pensamiento es la acción creadora que está en toda iniciativa productiva. Por lo tanto, no podemos dar nada de mayor valor experto que nuestros pensamientos.

El pensamiento emotivo solicita atención y, como hemos visto, el poder de la atención es el propietario del Héroe o la heroína. La atención despliega la concentración, y la concentración desarrolla el poder Espiritual es la forma más poderosa que se halla.

Ésta es la ciencia que percibe a todas las ciencias. Es el arte que, por encima de todas las artes, es para la vida humana. En la maestría de esta ciencia y este arte está la coyuntura para el progreso sin fin. La perfección en esto no se logra en seis días, ni en seis semanas, ni en seis meses. Es el trabajo de toda una vida. No progresar es retroceder.

No podemos impedir que tener pensamientos auténticos, constructivos y altruistas produzca un efecto beneficioso de larga trayectoria. La indemnización es la tónica del universo. La naturaleza está indagando constantemente alcanzar el equilibrio. Ahí donde se remite algo, alguna cosa debe ser recibida; de lo contrario, se constituiría un vacío.

A través de la reflexión de esta regla, no puedes impedir favorecerte en algo que evidenciarás ampliamente tus esfuerzos en este sentido.

La conciencia del dinero es una cualidad de la mente; es la puerta abierta para las arterias del negocio. Es la actitud recibidora. El deseo es la pujanza que pone en movimiento a la corriente. El temor es el gran impedimento, que ataja a la corriente o la altera completamente, apartándola de nosotros.

El miedo es puntualmente lo opuesto a la conciencia del dinero; es la conciencia de la pobreza, y puesto que la ley es indestructible, obtenemos exactamente lo que damos. Si tenemos miedo, conseguimos lo que temíamos. El dinero se mezcla con todo el lienzo de nuestra propia existencia; manipula los mejores pensamientos de las mejores mentes.

Conseguimos capital haciendo amigos y aumentamos nuestro círculo de amigos consiguiendo dinero para ellos, auxiliándolos, siéndoles útiles. La primera ley del triunfo es, entonces, el servicio y éste, a su vez, se basa en la honradez y la ecuanimidad. La persona que, como mínimo, no es justa en su intención, es sencillamente ignorante; no ha entendido la ley esencial de todo intercambio; es improbable. Sin duda, y con certeza, derrochará. Quizá no lo sepa, quizá crea que está tomando, pero está penada a una cierta derrota. No puede engañar al Infinito. La ley de indemnización le reclamará ojo por ojo y diente por diente.

Las fuerzas de la vida son sutiles, están compuestas de nuestros pensamientos e ideales, y éstos, a su vez, son vaciados y toman forma. Nuestro problema es conservar una mente abierta, buscar constantemente cosas nuevas, registrar las ocasiones, interesarnos en la carrera más que en el objetivo, porque el goce está en la investigación, más que en la posesión.

Puedes convertirte en un incentivo para el dinero, pero para lograrlo primero debes pensar en cómo puedes concebir dinero para otras personas. Si tienes la sagacidad precisa para percibir y utilizar las oportunidades y las ocurrencias favorables y reconocer los valores, puedes ubicarte en posición de rendirlas, pero tu mayor éxito llegará cuando puedas socorrer a los demás. Lo que favorece a uno debe ayudar a todos.

Un pensamiento generoso está colmado de fuerza y fuerza; un pensamiento egoísta aguanta los gérmenes de la disolución: se descompondrá y morirá. Los grandes bancarios son simplemente conductos para la comercialización de la riqueza. Enormes cuantías van y vienen, pero sería tan difícil detener la salida como contener la entrada: ambos extremos deben conservarse abiertos. De modo que nuestro mayor triunfo llegará cuando reconozcamos que es tan fundamental dar como recibir.

Si examinamos el poder Omnipotente que es la fuente de toda provisión, podemos concertar nuestra conciencia a esta provisión de manera que atraerá asiduamente todo lo que necesite, y revelaremos que cuanto más damos, más recibimos. Dar en este sentido implica asistencia. El banquero da su dinero, el negociante da sus productos, el escritor da sus pensamientos, el trabajador da sus destrezas. Todos tienen algo que dar, pero cuanto crecidamente dan, más reciben, y cuanto más reciben, más idóneos son de dar.

El bancario consigue mucho porque da mucho. Él piensa; rara vez admite que otra persona piense por él. Quiere estar al tanto cómo se van a obtener unos efectos; tú debes mostrárselo. Cuando puedas hacerlo, él suministrará lo medios para que cientos o miles de personas puedan conseguir beneficios. En la medida en que ellas tengan éxito, él tendrá triunfo. Morgan, Rockefeller, Carnegie y otros no se hicieron ricos porque derrocharon dinero para otras personas; fue porque ganaron dinero para otras personas que se convirtieron en los hombres más ricos del país más rico del mundo.

La persona promedio no sabe completamente el pensar prontamente. Acepta las ideas de otros y las redunda, como un loro. Esto se puede ver expeditamente cuando percibimos cuál es el método que se utiliza para crear la sentencia pública. Esta actitud obediente por parte de la gran mayoría, que parece estar intachablemente dispuesta a dejar que unos pocos especulen por ella, es lo que consiente que unas pocas personas en muchos grandiosos países despojen todas las avenidas de poder y tengan dominados a millones de personas. El pensamiento creativo solicita atención.

El lograr de atención se llama concentración. Este poder está encaminado por la energía. Por este motivo, debemos negarnos a concentrarnos o a pensar en cualquier cosa que no sea lo que queremos.

Muchas personas se están centralizando inagotablemente en todo tipo de penas, pérdidas y desavenencia. Ya que el pensamiento es creativo, es natural pensar que esta concentración llevará inevitablemente a más pérdidas, más penas y más desavenencia. ¿Cómo podría ser de otra forma? Por otro lado, cuando hallamos el éxito, la ganancia o cualquier otro tipo de estado codiciado, naturalmente nos concentramos en sus consecuencias y, por lo tanto, instituimos más de lo mismo. De ahí que mucho nos lleve a más.

Un socio mío platica de cómo se puede usar la comprensión de este principio en el cosmos de los negocios:

"El Espíritu, además de todas las otras cosas que pueda ser o dejar de ser, debe creerse la Esencia de la Conciencia, la Sustancia de la Mente, la situación que subyace al Pensamiento. Y, puesto que todas las ideas son períodos de la actividad de la Conciencia, la Mente o el Pensamiento, resulta que en el Espíritu, y sólo en él, se halla la Realidad Última, lo Real, o la Idea".

Habiendo reconocido esto, ¿no parece sensato afirmar que una verdadera perspicacia del Espíritu, con sus leyes de expresión, sería lo más "práctico" que un hombre «práctica» podría esperar encontrar? ¿No parece seguro que si las personas "prácticas" del mundo se dieran cuenta de este hecho, "estarían dominadas" de ubicarse en una posición en la que pudieran conseguir esos conocimientos sobre las cosas y leyes espirituales? Estas personas no son torpes; sólo necesitan vislumbrar esta realidad esencial para poder avanzar en la trayectoria de aquello que es la esencia de todo logro. Permíteme que te brinde un ejemplo preciso. Conozco a un hombre en Chicago al que siempre he estimado bastante materialista.

Ha tenido varios triunfos en la vida, y también varios desengaños. La última vez que tuve una plática con él estaba prácticamente "sin un centavo", en correlación con su situación económica preliminar. Parecía que verdaderamente se había quedado sin pujanzas para seguir adelante, pues estaba bien ingresado en la mediana edad y las ideas nuevas le llegaban más lánguidamente y con menos periodicidad que en los años anteriores.

LA LLAVE MAESTRA

Fundamentalmente, lo que me dijo fue: "Sé que todas las cosas que salen bien en los negocios son el efecto del Pensamiento. Cualquier torpe lo sabe, pero ahora mismo ando exiguo de pensamientos y buenas ideas". Si la instrucción de que "Todo es Mente" es correcta, entonces debería ser viable que una persona consiguiera una "conexión directa" con la Mente Infinita. En la Mente Infinita debe de estar la posibilidad de tener todo tipo de grandes ideas a las que un hombre de mi arrojo y experiencia podría dar un uso práctico en el mundo de los negocios y, así, tener un gran éxito. Pinta bien; voy a investigar el tema".

Esto fue hace varios años. El otro día volví a escuchar hablar de este hombre. Conversando con un amigo, le dije: "¿Qué fue de nuestro viejo amigo X? ¿Ha alzado cabeza?". Él me miró sorprendido. "¿Qué?" Me dijo, "¿No te has enterado del gran triunfo de X? Es el pez gordo de la compañía Z (designando una empresa que ha tenido un éxito descomunal en los últimos dieciocho meses y que ahora es muy conocida en todo el estado a raíz de sus novedades publicitarias). Él es quien les proporcionó la GRAN IDEA para la empresa. Ha tenido unos bienes de medio millón y ahora está aproximándose avivadamente a la marca del millón. Todo esto en un lapso de dieciocho meses". Yo no había enlazado a este hombre con la empresa aludida, pero sabía del triunfo increíble de la compañía en cuestión. La investigación ha manifestado que la historia es innegable y que los hechos citados arriba no son en absoluto dramatizados. Entonces, ¿qué piensas de esto? Para mí, representa que este hombre realmente instituyó la "conexión directa" con la Mente Infinita (el Espíritu) y, tras hallarla, la puso a trabajar para él. La utilizó en sus asuntos.

¿Esto te parece blasfemo? Espero que no. No es mi intención que lo sea. Si al significado de "Infinito" le quitas la implicación de Personalidad o Naturaleza Humana Magnificada, te queda el concepto de un Poder-Presencia Infinito, cuya Quinta propiedad es la Conciencia -de hecho, posteriormente, es el Espíritu. Puesto que, por último, este hombre también debe ser considerado una declaración del Espíritu, no hay nada blasfemo en la idea de que él, siendo Espíritu, deba concertarse con su Origen y su Fuente para poder manifestar al menos un grado menor de su Poder. Todos nosotros lo hacemos en mayor o menor medida cuando utilizamos nuestras mentes en la orientación del Pensamiento Creador. Este hombre ve más allá: lo hizo de una representación intensamente práctica. No le he preguntado sobre su procedimiento de táctica, aunque tengo la finalidad de hacerlo a la primera ocasión, pero él no sólo recurrió a la Provisión Infinita en busca de las ideas que precisaba (y que fueron la semilla de su éxito), sino que además manejó el Poder Creador del Pensamiento para construir para sí mismo un Modelo Idealista de aquello que él esperaba exteriorizar en la forma material, cargándole cosas, cambiándolo, optimando los detalles de vez en cuando, yendo del bosquejo general a los detalles terminados. Creo que ésta es la situación de este caso, no sólo según mi recuerdo de la conversación de hace unos años, sino también porque he desenmascarado que éste es el mismo caso de otras personas recalcadas que han realizado expresiones relacionadas del Pensamiento Creador. Aquellas personas que se arrugan ante la idea de utilizar el Poder Infinito para auxiliarse en su trabajo en el mundo material deberían recordar que, si el Infinito tuviera la más mínima réplica a este procedimiento, las cosas jamás sucederían. El Infinito es bastante capaz de custodiar de sí mismo.

La "espiritualidad" es bastante "práctica"; muy "práctica"; agudamente "práctica" Enseña que el Espíritu es la Realidad, es Todo, y que la Materia no es más que una sustancia flexible que el Espíritu es capaz de crear, modelar, manejar y concebir a su voluntad. La espiritualidad es lo más "práctico" que hay en el mundo, es lo único verdadera y absolutamente "práctico" que se halla.

Esta semana, centralízate en el hecho de que el ser humano no es un cuerpo con un espíritu, sino que un espíritu con un cuerpo, y que por esta razón sus deseos son inhábiles de hallar una satisfacción permanente en nada que no sea espiritual. El dinero, por lo ende, no tiene ningún importe, excepto el de suministrarnos las condiciones que queremos, y esas condiciones son, precisamente, armoniosas.

Las condiciones armoniosas requieren un suministro suficiente, de manera que cuando parezca que existe alguna carencia, deberíamos darnos cuenta de que la idea o el espíritu del dinero es la asistencia.

Cuando este pensamiento tome representación, se abrirán conductos de suministro y tendrás la complacencia de saber que los procedimientos espirituales son enteramente prácticos.

LA LLAVE MAESTRA

Estudia las preguntas y sus respuestas:

221. ¿Cuál es la primera ley del éxito?

El servicio.

222. ¿Cómo podemos servir mejor?

Teniendo una mente abierta; concerniéndonos en la carrera en lugar de en la meta, en la indagación en lugar de en la posesión.

223. ¿Cuál es el efecto del pensamiento egoísta?

Que contiene los gérmenes de la disolución.

224. ¿Cómo lograremos nuestro mayor triunfo?

A través de un reconocimiento del hecho de que es tan fundamental dar como recibir.

225. ¿Por qué los financieros suelen tener un gran triunfo?

Porque piensan por sí solos.

226. ¿Por qué la gran mayoría de las personas en todos los países siguen siendo sumisos y, aparentemente, son las armas de unos pocos?

Porque acceden a que esos pocos piensen por ellas.

227. ¿Cuál es el resultado de concentrarnos en las penas y la pérdida?

Más penas y más pérdidas.

228. ¿Cuál es el resultado de concentrarnos en la ganancia?

Más ganancia.

229. ¿Se manipula este principio en el mundo de los negocios?

Es el único principio que se ha utilizado jamás, o que puede esgrimirse jamás; no hay ningún otro. El hecho de que puede utilizarse inconscientemente no cambia la realidad.

230. ¿Cuál es la aplicación práctica de este principio?

El hecho de que el triunfo sea un efecto, no una causa. Si queremos conseguir el efecto debemos establecer la causa, o la idea, o el pensamiento, a través del cual o la cual se crea ese efecto.

LA LLAVE MAESTRA

Capítulo XXIV

Aquí te ofrezco tú última lección de este curso. Si has ejercido cada uno de los adiestramientos durante unos minutos todos los días, como te propuse, habrás descubierto que puedes alcanzar de la vida fielmente lo que deseas, si primero le das a la vida aquello que anhelas. Probablemente estarás de acuerdo con el alumno que dijo: "El pensamiento es casi angustioso: tan vasto, tan asequible, tan claro, tan prudente y tan utilizable".

El fruto de este conocimiento es, por así expresarlo, un regalo; es la "verdad" que libera a los individuos, no sólo de toda falta y limitación, sino también de la angustia, la ansiedad y la aprensión.

Es asombroso darnos cuenta de que esta ley no separa a las personas; que, autónomamente de cuáles sean tus prácticas de pensamiento, el camino ha sido experimentado.

Si te inclinas por la religión, el más grande experto religioso que el mundo ha conocido en la vida dejó muy claro cuál era el pasaje que todos podemos seguir. Si tu inclinación mental es hacia la ciencia física, la ley marchará con una certeza matemática. Si te inclinas por lo filosófico, Platón o Emerson pueden ser tus expertos, pero, en cualquier caso, puedes alcanzar unos niveles de poder a los que es importante aspirar a un Límite.

Creo que la agudeza de este principio es el secreto que los antiguos alquimistas investigaron en vano, porque expone cómo el oro que está en la mente puede ser transformado en oro en el corazón y en las manos.

Cuando los científicos ubicaron por primera vez al Sol en el centro del Sistema Solar y a la Tierra girando alrededor de él, hubo una gran admiración y abatimiento. Toda la idea parecía evidentemente falsa; nada era más innegable que el movimiento del Sol a través del cielo, y cualquiera podía ver que bajaba por las colinas occidentales y se hundía en el mar. Los estudiosos se pusieron rabiosos y los científicos impugnaron la idea como ilógica. Sin embargo, posteriormente las evidencias llegaron a persuadir a las mentes de todos.

Decimos que una campana es un "cuerpo que repiquetea", pero sabemos que lo único que la campana es capaz de hacer es originar vibraciones en el aire. Cuando esas vibraciones alcanzan a una velocidad de dieciséis vibraciones por segundo, hacen que el sonido se escuche en la mente. También es viable que la mente oiga vibraciones de hasta 38.000 vibraciones por segundo. Cuando el número acrecienta más allá de esta cifra, todo vuelve a ser silencio. De modo que estamos al tanto que el sonido no está en la campana, sino en nuestra propia mente.

Hablamos del Sol, e incluso pensamos en él, como una entidad que "da luz". Sin embargo, sabemos que puramente está expresando una energía que origina vibraciones en el espacio a la velocidad de cuatrocientos trillones por segundo, causando lo que se nombran ondas de luz; de modo que sabemos que eso que denominamos luz es simplemente una representación de energía y que la única luz que hay es la sensación originada en la mente por el movimiento de las ondas. Cuando el número se acrecienta, la luz cambia de color.

Cada cambio de color es ocasionado por vibraciones más cortas o más resueltas; de manera que aunque digamos que la rosa es roja, el prado es verde o el firmamento es azul, sabemos que los colores están exclusivamente en nuestras mentes y son sensaciones apreciadas por nosotros como resultado de las vibraciones de las ondas de luz. Cuando las vibraciones se someten por debajo de cuatrocientos trillones por segundo, dejan de conmovernos como luz, pero experimentamos la sensación de calor. Por lo tanto, es evidente que no podemos depender de la prueba de los sentidos para conseguir información sobre la situación de las cosas; si lo hiciéramos, deberíamos entender que el Sol avanza, que el mundo es plano en lugar de esferoidal y que las estrellas son pedacitos de luz, en lugar de grandiosos soles.

Por lo tanto, toda la ramificación de la teoría y la destreza de cualquier sistema de metafísica residen en conocer la Verdad relativa a ti y al mundo en el que estás; en saber que para enunciar armonía debes pensar en la armonía, para formular salud debes pensar en la salud, y para expresar abundancia debes pensar en la abundancia.

Para ello debes invertir la experiencia de los sentidos. Cuando llegues a saber que toda forma de enfermedad, molestia, carencia y restricción es escuetamente el resultado de una manera de pensar errónea, sabrás que "la Verdad os hará libres". Advertirás que es posible mover montañas. Si esas montañas están combinadas únicamente de dudas, miedo, suspicacia u otras representaciones de desánimo, no por eso son menos verdaderas, y no sólo deben ser retiradas, sino también "echadas al mar".

Tu verdadera labor consiste en persuadirte de la verdad de estas afirmaciones. Cuando hayas logrado hacerlo, no tendrás ninguna dificultad para recapacitar en la verdad y, tal como se ha manifestado, la verdad domina un principio vital y se manifestará.

Quienes alivian enfermedades con procedimientos mentales han llegado a conocer esta verdad y la manifiestan diariamente en sus vidas y en las vidas de otras personas. Ellos están al tanto que la vida, la energía y la abundancia son Omnipresentes, que colman todo el espacio, y saben que quienes acceden a que se revele la enfermedad, o cualquier tipo de carencia, todavía no han llegado a percibir esta gran ley.

Puesto que todas las ocurrencias son creaciones del pensamiento y, por lo tanto, son absolutamente mentales, la enfermedad y la carencia son sencillamente circunstancias mentales en las que la vida no logra percibir la verdad; tan pronto como el desliz es eliminado, se excluyen las circunstancias.

El procedimiento para prescindir del error es entrar en el Silencio y conocer la Verdad. Puesto que todas las mentes son una sola mente, puedes hacer esto para ti mismo o para cualquier otro individuo. Si has aprendido a crear retratos mentales de las circunstancias anheladas, esa será la manera más factible y más expedita de obtener resultados; si no es así, se pueden conseguir efectos a través de la argumentación, mediante el proceso de persuadirte a ti mismo definitivamente de la verdad de tu afirmación.

Recuerda que ésta es una de las aseveraciones más dificultosas de captar, así como una de las más asombrosas... Recuerda que no importa cuál sea la duda, ni tampoco dónde sea, ni siquiera quién sea el afligido, no tienes a ningún otro paciente más que a ti mismo; no puedes hacer otra cosa más que persuadirte absolutamente de la realidad de esta afirmación.

Ésta es una aseveración científica puntual que está de acuerdo con el mismo sistema de Metafísica real, y jamás ningún efecto permanente es emanado de ninguna otra manera.

Todas las formas de concentración, de procesión de imágenes mentales, de demostración y de autosugestión son absolutamente métodos con los que se te admite tomar conciencia de la Verdad.

Si quieres ayudar a alguien, excluir alguna forma de carencia, limitación o error, el procedimiento correcto no es pensar en la persona a la que deseas socorrer; basta con la finalidad de ayudarla, ya que te pone en contacto mental con ella. Después, despide de tu propia mente cualquier creencia en la privación, la restricción, la enfermedad, el peligro, la dificultad o cualquier otro inconveniente. En cuanto hayas conseguido hacerlo, obtendrás el resultado y la persona será independiente.

Pero recuerda que el pensamiento es creativo en resultado, cada vez que consientes que tu pensamiento se sosiegue en cualquier circunstancia poco armoniosa, debes darte cuenta de que tales sucesos sólo son supuestos, que no tienen ninguna realidad, que el espíritu es la única verdad y que jamás puede ser menos que perfecto.

Todo pensamiento es una representación de energía, una rapidez de vibración, pero un pensamiento de la Verdad es la mayor velocidad de vibración popular y, en resultado, demuele toda forma de error puntualmente de la misma forma en que la luz destruye a la

LA LLAVE MAESTRA

oscuridad. Ninguna forma de error puede hallarse cuando aparece la «Verdad», de manera que toda tu labor mental reside en llegar a una agudeza de la Verdad. Esto te dejará superar cualquier forma de falta, restricción o enfermedad.

No podemos llegar a una perspicacia de la Verdad desde el mundo exterior; el mundo exterior es sólo inherente; la Verdad es absoluta. Por lo tanto, debemos hallar el "mundo interior".

Entrenar a la mente para que vea solamente la Verdad es enunciar únicamente circunstancias verdaderas: nuestra capacidad de concebirlo nos indicará el adelanto que estamos realizando. La verdad absoluta es que el "yo" es perfecto y está consumado. El verdadero "yo" es espiritual y, por ende, nunca puede ser menos que perfecto; jamás puede tener ninguna falta, restricción o enfermedad. El destello de ingenio no tiene su comienzo en el movimiento molecular del cerebro; está estimulado en el ego. El "yo" espiritual es uno con la Mente Universal, y es nuestra manera de reconocer esta Unidad lo que incita toda iluminación, toda genialidad.

Estos efectos llegan lejos y tienen un resultado en las generaciones futuras; son las columnas de fuego que señalan el camino para los millones de personas que se presentarán.

La Verdad no es el efecto del entrenamiento lógico o la experimentación; ni siquiera de la reflexión. Es el fruto de una conciencia desplegada. La Verdad dentro de un César se expresa en el procedimiento de un César, en su vida y en sus hechos, en su dominio en las formas sociales y el avance. Tu vida, tus actos y tu autoridad en el mundo dependerán en el nivel de verdad que puedas descubrir, porque la verdad no se revelará en credos, sino en la conducta.

La Verdad se expresa en el carácter, y el carácter de una persona debería ser la definición de su religión, o lo que para ella es la realidad, y ello, a su vez, quedará demostrado en el carácter de sus posesiones. Si una persona se lamenta de que su riqueza va a la deriva, está siendo tan mala consigo misma como si negara la exactitud racional, aunque esto sea manifiesto e incuestionable.

Nuestro entorno y las incontables ocurrencias y accidentes de nuestras vidas ya están en la personalidad subconsciente que atrae hacia sí el material mental y físico que es semejante con su naturaleza.

Así pues, nuestro futuro está establecido desde nuestro presente. Si hay alguna iniquidad fingida en algún aspecto o período de nuestra vida personal, debemos indagar la causa en nuestro interior e intentar manifestar la realidad mental que es responsable de la expresión externa.

LA LLAVE MAESTRA

Ésta es la verdad que te hace "libre", y es el discernimiento consciente de esta verdad lo que te admitirá superar todos los aprietos. Las circunstancias con las que te hallas en el mundo exterior son, infaliblemente, el efecto de las condiciones conseguidas en el mundo interior. Por lo tanto, está experimentado con fidelidad científica que, al conservar en la mente un ideal perfecto, puedes establecer las condiciones ideales en tu medio ambiente.

Si ves exclusivamente lo inconcluso, lo imperfecto, lo inherente, lo limitado, esas condiciones se exteriorizarán en tu vida; pero si entrenas a tu mente a ver y ser sensato del ego espiritual, del "yo" que es siempre perfecto, está consumado y es armonioso, entonces sólo se manifestarán circunstancias sanas y saludables.

Ya que el pensamiento es creativo y la verdad es el pensamiento más enaltecido y más perfecto que uno puede poseer, es indudable que pensar la verdad es crear aquello que es realidad y, una vez más, es indiscutible que cuando la verdad cobra vida, lo falso debe desertar de existir.

La Mente Universal es la integridad de todas las mentes que coexisten. El espíritu es Mente porque el espíritu es perspicaz. Por lo tanto, estas palabras son semejantes.

La duda a la que te tienes que afrontar es darte cuenta de que la mente no es propia. Es omnipresente. Está en todas partes.

En otras palabras: no hay ningún terreno en el que no esté. Por lo tanto, es Universal.

Por lo general, hasta ahora la gente ha esgrimido la palabra "Dios" para hablar de este principio Universal, creador; pero la palabra "Dios" no transfiere el significado correcto. La mayoría de la gente Comprende que esta palabra simboliza algo que está fuera de sí misma, cuando la realidad es puntualmente lo contrario. Es nuestra vida misma. Sin él habríamos fallecido. Dejaríamos de vivir. En cuanto el espíritu deja el cuerpo, no somos nada. Por lo tanto, en verdad, lo único que somos es espíritu.

Ahora bien, la única acción que posee el espíritu es el poder de pensar. Por lo tanto, el pensamiento tiene que ser creativo, porque el espíritu es creativo. Este poder creador es vulgar, y tu capacidad de pensar es tu capacidad de vigilarlo y hacer usanza de él para tu beneficio y el de otras vidas.

Cuando tomes conciencia de la verdad de esta aseveración, cuando la entiendas y la valores, estarás en posesión de la Llave Maestra, pero recuerda que solamente aquellas personas que son lo suficientemente inteligentes como para concebir, lo justamente amplias como para tantear la evidencia, lo adecuadamente firmes para perseguir su propio juicio y lo bastantemente fuertes como para realizar el sacrificio requerido, pueden ingresar y participar.

LA LLAVE MAESTRA

Esta semana, pretende darte cuenta de que efectivamente vives en un mundo asombroso, de que eres un ser sorprendente y de que muchas personas están avivando a un conocimiento de la Verdad. Tan pronto como esos individuos despiertan y llegan a un conocimiento de las cosas que han sido dispuestas para ellas, también se dan cuenta de que "los ojos no han visto, ni los oídos escuchado, ni han ingresado en el corazón del ser humano" los esplendores que existen para quienes se hallan en la Tierra Prometida. Han cruzado el río del calificar, han llegado al punto de juicio de lo verdadero y lo falso, y han manifiesto que todo lo que alguna vez quisieron o apetecieron no era más que una vaga idea de la increíble realidad.

LA LLAVE MAESTRA

Estudia las preguntas y sus respuestas:

23 1. ¿De qué principio depende la teoría y la práctica de todos los sistemas de Metafísica que se hallan?

De un conocimiento de la "Verdad" acerca de ti y del mundo en el que vives.

232. ¿Cuál es la "Verdad" acerca de ti?

Que el verdadero "yo" o ego es espiritual y, por ende, nunca puede ser menos que perfecto.

233. ¿Cuál es el procedimiento para excluir cualquier forma de error?

Persuadirte absolutamente de la "Verdad" acerca de la condición que deseas ver exteriorizada.

234. ¿Podemos hacer esto para los demás?

La Mente Universal en la que "vivimos, nos movemos y existimos" es una e inseparable. Por lo tanto, es tan posible socorrer a otras personas como ayudarnos a nosotros mismos.

235. ¿Qué es la Mente Universal?

La totalidad de todas las mentes que existen.

236. ¿Dónde está la Mente Universal?

La Mente Universal es omnipresente: está en todos lados. No hay ningún sitio en el que no esté. Por lo tanto, está dentro de nosotros. Es el "Mundo Interior". Es nuestro espíritu, nuestra vida.

237. ¿Cuál es la naturaleza de la Mente Universal?

Es espiritual y, en resultado, creativa. Busca expresarse en la forma.

238. ¿Cómo podemos intervenir en la Mente Universal?

Nuestra capacidad de pensar es nuestra capacidad de mediar en la Mente Universal y traerla a la expresión para nuestro beneficio o el de otras personas.

239. ¿Qué queremos decir con "pensar"?

Un pensamiento claro, decisivo, sereno, voluntario, continuado, con un objetivo definido en vistas.

240. ¿Cuál será el resultado?

LA LLAVE MAESTRA

También podrás decir: "No soy yo quien crea las obras, sino el "Padre" que está en mi interior. Él hace las obras". Llegarás a saber que el «Padre» es la Mente Universal y que Él vive adentro de ti, realmente y efectivamente.

LA LLAVE MAESTRA

www.ingramcontent.com/pod-product-compliance
Lightning Source LLC
Chambersburg PA
CBHW050641150426
42813CB00054B/1138